예수께서 전파하신
천국 복음

예수께서 전파하신

천국 복음

Copyright © 새세대 2019

초판 발행 | 2019년 10월 8일

지은이 | 곽요셉
펴낸곳 | 도서출판 새세대
발행인 | 곽요셉
이메일 | churchgrowth@hanmail.net
홈페이지 | newgen.or.kr
출판등록 | 2009년 12월 18일 제20009-000055호
주소 | 경기도 성남시 분당구 정자동 210-1
전화 | 031)761-0338 팩스 031)761-1340

ISBN 979-11-88604-06-7 (03230)

잘못된 책은 구입처에서 교환해 드립니다.
책값은 뒤표지에 있습니다.

예수께서 전파하신

천국 복음

곽요셉 지음

도서
출판 **새세대**

서문

천국을 잃어버리면 다 잃는 것입니다. 그러나 천국을 갈망하고 그 가치를 아는 사람은 아무리 이 세상에서 환난과 역경, 고통과 질병이 있어도 기쁨이 있습니다. 소망이 있기 때문입니다. 이처럼 그리스도인은 세상과 다른 가치관, 오직 천국 복음에 최상의 가치를 두고 살아갑니다. 그런데 세상만 아니라, 많은 그리스도인이 복음에 대해 무지하고 왜곡된 복음을 받아들이고 있습니다. 보이는 것에 집착하기 때문에 거듭난 사람만이 천국에 들어갈 수 있다는 예수님의 말씀을 깨닫지 못합니다.

천국에 들어가는 길은 오직 거듭남, 그 길뿐입니다. 세상에서 존경받는 사람, 역사에 남는 영웅이라 하더라도 하나님의 기준에 부합되지 못하면 천국에 들어가지 못합니다. 하나님의 기준은 오직 하나님의 의뿐입니다. 천국에 들어가는 사람은 오직 예수 그리스도 안에서 거듭난 사람, 영적인 존재로 새롭게 태어난 사람뿐입니다.

그리하여 이제는 믿음으로 하나님 나라를 바라보며, 이 세상 속에서 하나님 중심, 복음 중심, 천국 중심, 영혼 중심의 삶을 살아갑니다. 이러한 삶을 통해서 성도는 날마다 새로워집니다. 하나님의 영광을 나타내고 하나님께 더 가까이 가는 삶을 누립니다. 주변을 향하여 복음의 증인으로 위대한 인생을 펼치게 됩니다.

이러한 사람이 복 있는 사람입니다. 천국의 실재를 믿고 오늘을 살아가는 사람이 복 있는 사람이라고 성경은 분명히 말씀합니다. 거기에 놀라운 삶의 약속이 있고 그것을 오늘 경험할 수 있습니다. 믿음의 선조들은 때를 얻든지 못 얻든지, 자신들에게 전해진 복음의 씨를 세상에 심고 그 복음을 증거하며 살았습니다. 그 속에서 하나님께서 그 분의 위대한 역사를 스스로 이루고 계십니다.

　　앞서 출간한 『예수께서 전파하신 하나님의 나라』, 『예수께서 전파하신 천국의 비밀』에 이어 이번 『예수께서 전파하신 천국 복음』은 예수님이 전파하시고 우리에게 주신 흔들리지 않는 천

국을 전하기 위해 집필했습니다. 마지막 날 모든 것이 불로 소
멸될 때에도 영원히 없어지지 않을 천국 약속의 말씀 안에 있을
때, 영원한 하나님 나라에서 영생의 삶을 살아가게 됩니다.

　매일 한 편씩, 이 설교를 읽으시며 천국 복음을 묵상하는 중
에 성령의 역사와 함께 천국의 비밀을 알고 누리시기 바랍니다.
천국 복음을 밝히 아는 중에 천국 역사의 증인 되는 삶이 오늘
여러분에게 이루어지기를 소망합니다.

차 례

01

·

감추인 보화

·

천국은 마치 밭에 감추인 보화와 같으니 사람이 이를 발견한 후 숨겨 두고 기뻐하며 돌아가서 자기의 소유를 다 팔아 그 밭을 사느니라

— 마태복음 13:44

01

감추인 보화

저명한 철학자 키르케고르에 의해 만들어진 교훈적인 이야기를 하나 소개하겠습니다. 어느 날 밤, 한 패의 도적들이 보석상을 덮쳤습니다. 그런데 값진 보석을 훔쳐가지 않고, 대신 보석들의 가격표를 뒤바꿔놓았습니다. 다음날 아침, 이 사실을 모르는 사람들은 어떤 것이 진짜이고 어떤 것이 가짜인지, 어떤 것이 값비싼 것이고 어떤 것이 값싼 것인지를 구별할 수 없었습니다. 갑자기 값비싼 보석이 값싼 것이 되었고, 값싼 것이 가장 귀한 보석으로 변한 것이지요.

다음 날 보석상을 찾은 손님들이 물건을 샀는데, 가장 귀한 것이라 생각하고 산 그 보석이 사실은 아주 천한 보석이었고,

돈이 없어서 가장 싼 보석을 샀다고 생각한 사람은 실제로는 가장 값진 보석을 갖고 돌아가게 되었습니다. 이 일화는 오늘날 무엇이 정말 귀하고 가치 있는지를 분별하기가 매우 어렵다는 것을 지적하고 있습니다. 현대인은 분명 가치관의 혼란에 빠져서 오늘을 살아가고 있습니다.

세상을 본받지 말라

성도 여러분, 세상에서는 시대의 흐름을 따르는 삶이 성공적이라고 말할지는 모르지만, 하나님 앞에서는 분명히 어리석은 인생입니다. 세상 풍조를 잘 읽으면서 사는 것을 세상에서는 지혜라고 말할지 모르지만, 하나님 앞에서는 헛된 인생이라고 성경은 경고하고 있습니다. 아무리 내가 성실히 노력했고, 착하게 살고, 열정을 갖고 살았다 한들 잘못된 가치관에 이끌려 살았다면 아무 의미가 없습니다. 먼저 무엇이 가장 가치가 있는 것인가를 알고, 그 일에 헌신하며 살아가는 사람이 지혜로운 사람입니다. 그래서 성경은 말씀합니다. '세상을 본받지 말라.' 깊이 생각해 보시기 바랍니다.

중국의 고전 『열자』(列子)에 나오는 이야기입니다. 제(齊) 나라 때 어떤 사람이 아침 일찍 의관을 잘 차려입고 시장에 나가 금을 파는 상점에 들렀습니다. 그는 무심코 금을 보고 있다가 갑자기 큰 금덩어리 하나를 몰래 훔쳐서 주머니에 넣고 상점 밖으로 나왔습니다. 그러나 곧 관리한테 잡히고 말았습니다. 그를 잘 아는 관리가 물었습니다. "아니, 여보게. 그렇게 의관을 잘 차려입은 자네 같은 사람이 어떻게 몰래 금덩어리를 훔쳐 나오나, 사람들도 많은데?" 그때 그 사람이 이렇게 대답했습니다. "금을 가지고 갈 때는 사람들은 보이지 않고 오직 금만 보였다네."

분명 세상에서 가장 가치 있다고 생각하는 것은 부와 명예와 권력, 그런 것들입니다. 어느 누구에게는 건강과 지혜와 능력과 성공, 그런 것들일 것입니다. 그래서 그것을 소유하고, 그리고 누리려고 열심히 살아가는 것이죠. 열심히 공부하는 이유도, 경쟁사회에서 이기는 인생을 살아가려는 이유도 그와 같습니다. 그런데 성경은 그 삶을 향하여 분명히 선언합니다. "헛된 인생이다! 어리석은 인생이다!"

그리스도인은 다른 가치관을 가지고 세상을 살아갑니다. 그리스도인은 그리스도의 복음이 최상의 가치입니다. 그걸 믿고 오늘을 살아갑니다. 예수 그리스도와 천국, 이것이 최상의 가치이자 최고의 가치입니다. 그 가치를 소유한 사람으로 그 가치에 이끌려 헌신하며 오늘을 살아갈 때 하나님께서 그 인생을 영화롭게 하시고, 위대한 인생을 살았다고 칭찬하십니다. 그 복음이 우리 안에 충만할 때, 이제는 이전에 가치 있던 것들이 가치 없게 됩니다. 세상에서의 부와 명예와 권력과 성공들이 전에는 그렇게 갖고 싶었는데, 이제는 별 의미가 없다는 것을 알게 됩니다. 복음이 우리 안에서 나를 그렇게 변화시킵니다. 그래서 그리스도인은 오직 복음을 붙들고, 복음에 이끌리어, 복음적인 사람으로 오늘을 살아갑니다.

천국은 감추인 보화

예수님께서 천국의 비밀을 간단한 비유를 통해 오늘 우리에게 선포해 주십니다. "천국은 감추인 보화다!" 다시 말해서 천국은 이 세상에서 가장 가치 있고, 가장 귀한 것이라는 말씀입니다. 성도 여러분은 이런 믿음을 가지고, 이런 확신 속에 오늘을 살아가십니까? 아니면, 그것에 대해 대충 알며 오늘을 살아가십니까? '거듭남의 표지'란 바로 이것입니다. 신앙적 인격으로 가치관이 변화된 것입니다. 세상의 가치관에서 천국의 가치관으로, 나 중심의 가치관에서 하나님 중심의 가치관으로, 소유 중심의 가치관에서 영 중심의 가치관으로 변화된 것입니다. 가치관이 완전히 달라졌습니다. 이것을 '중생', 즉 '거듭남'이라고 말합니다. 간단히 이렇게 생각하십시오. 내게 가장 소중한 것, 내게 가장 기쁜 것, 내가 가장 많이 생각하는 것, 바로 그것이 그 사람에게 최상의 가치인 것입니다. 여러분에게 그것은 무엇입니까? 하나님 앞에서, 예수 그리스도 안에서 조용히 대답해 보시기 바랍니다.

이런 이야기가 있습니다. 두 소녀가 사이좋게 바닷가에서 조개를 줍고 있었습니다. 그러다 큰 조개가 하나 보이자 둘이 달려가 동시에 손을 내밀었습니다. 서로 자기가 먼저 발견했으니 자기 것이라고 싸우다가 결국은 고집 센 소녀가 차지했습니다. 조개를 뺏긴 아이는 기분이 상해서 멀리 떨어져 혼자 조개를 줍고 있었는데, 진주가 든 작은 조개를 하나 주웠습니다. 놀라서 진주를 품 안에 넣고 보니 세상에 부러울 것이 없어지면서 상했던 마음이 다 풀렸습니다.

이제는 다시 친구에게 가서 다정하게 말을 하면서 사이좋게 조개를 주었습니다. 그러다가 또다시 큰 조개가 눈앞에 나타났고, 이번에도 동시에 똑같이 잡았는데 이번에는 싸우지 않았습니다. 왜냐하면 진주를 가진 아이가 기꺼이 양보했기 때문입니다. "그래 너 가져." 가장 귀한 것을 내가 갖고 있으면 다른 것은 그렇게 귀해 보이지 않습니다.

눈에 보이지 않는, 영적인 보화

그리스도의 복음이 우리 안에 충만할 때, 내가 정말 복음을 소유한 사람으로 살아갈 때 이와 같은 세계관을 가지게 되고 삶은 변화됩니다. 만일 그렇지 못하면 오랜 시간 동안 신학 공부를 하고, 선교를 하고, 봉사를 하고, 성경 공부를 했어도 단지 옛사람의 본성에 이끌려서 대충 살아갑니다. 이런 상황에서 이웃을 사랑하는 것, 무한히 용서하고 관용을 베푸는 것이 가능할까요? 불가능합니다. 그러나 복음이 내 안에 있다면, 복음의 가치를 내가 알고 있다면 그것이 가능해집니다.

하나님께서 온 인류에게 가장 귀하고, 가장 가치 있는 것을 주셨습니다. 그런데 인류가 그걸 알지 못하고 거부합니다. 받아들이지를 않습니다. 그러다보니 다른 가치관에 이끌리어 살아갑니다. 다른 것이 더 귀한 줄로 알고, 세상의 것이 가장 귀한 것으로 알고 살아갑니다. 그러니까 싸우고, 불평하고, 무한경쟁 속에서 잘못된 인생을 살아갈 수밖에 없습니다. 이것이 가치관의 혼란입니다. 그러나 구원받은 믿음의 사람들은 이제 알고 있습니다. 세상에서 방황하고 헤매지만, 사건을 통해서 가장 귀한 것이 무엇인지를 다시 압니다. 그래서 회복하고, 치유하고, 하나님의 사람으로 승리할 수 있습니다.

예수님께서 말씀하십니다. "이 보물이, 이 보화가 우리 앞에 있는데 이것은 감추어진 것이다." 무슨 말씀입니까? 눈에 보이지 않는다는 것입니다. 세상적인 것이 아니라는 것이지요. 감추어졌다는 것은 보이지 않는다는 것입니다. 영적인 것입니다. "천국이 이와 같다." 그래서 누가복음 17장에서 예수님이 말씀하십니다. "하나님의 나라는 볼 수 있게 임하는 것이 아니요 또 여기 있다 저기 있다고도 못하리니." 이것은 보화인데, 감추어진 보화입니다. 영적인 것입니다. 오직 믿음의 눈으로만, 믿음의 귀로만 인식하고 볼 수 있습니다. 그런데 이것이 발견됩니다. 아주 중요한 말씀입니다. 이것은 인간이 만든 것도, 찾고자 한다고 찾을 수 있는 것도 아닙니다.

'구도자 예배'라든지, '청중 맞춤형 예배'라든지, '불신자 맞춤형 예배' 같은 것들이 노력은 가상하지만, 다 헛된 것에 불과합니다. 그렇게 해서 찾는 것이 아닙니다. 그렇게 노력해서 찾는 것은 불교 같은 종교들이고, 기독교는 발견되는 것입니다. 내가 하나님의 부르심을 입은 사람으로 발견됩니다. 천국의 자녀 됨이 발견됩니다. 이처럼 발견된다는 것이 무슨 말입니까? '하나님 나라가 이미 임하였다'는 것입니다. 그래서 예수님께서 오셔서 말씀하십니다. "하나님 나라가 가까웠느니라. 임하였느니라." 그 발견은 오직 성령의 역사로만 가능합니다. 그 복음을 들어야 되고, 깨달아야 됩니다. 그것을 믿을 때, 눈과 귀가 열릴 때 발견됩니다. 그래서 하나님의 선물이고, 우리는 은혜라고 말합니다.

천국을 발견한 사람의 기쁨

"천국은 기쁨이다." 예수님께서 이 비유를 통해서 말씀하십니다. 이 기쁨은 발견한 사람만 경험합니다. 아무리 우리 주변에 보화가 있어도 귀한 가치를 알지 못하면 기쁠 리가 없습니다. 이것은 세상적 기쁨도 아니요, 일시적인 것도 아닙니다. 이 기쁨은 영원한 기쁨이요, 신령한 기쁨이요, 천국의 기쁨입니다. 그리스도인의 기쁨과 감사가 바로 여기에 있습니다. 정성스럽게 이벤트를 준비하고, 분위기를 좋게 하고, 좋은 음악 등을 통해 기쁨을 주는 식의 얘기가 아닙니다. 복음이 주는 기쁨, 복음 안에서 나를 발견한 그 기쁨은 무엇과도 바꿀 수 없습니다.

그래서 성경은 말씀합니다. 그리스도인에게만 가능한 말입니다. "항상 기뻐하라. 범사에 감사하라." 이것은 세상 사람에게는 불가능한 것입니다. 왜 성경은 이렇게 말씀합니까? 천국을 발견하고 그 가치를 알았으므로 천국을 믿으며 기쁨이 있는 것입니다. 그리고 성경은 바로 그 상태로 살아가라고 말씀합니다.

최근에 분노를 주제로 한 책이 많이 나오고 있습니다. 최근에
도 사람이 어떻게 그렇게 악할 수 있나 싶을 정도로 부하 직원
에게 나쁜 짓을 한 사장에 대한 뉴스도 있었습니다. 그러한 인
간의 악한 분노에 대해 대부분 사회학적으로, 심리학적으로, 교
육학적으로 접근하여 평가를 합니다. 그러나 이러한 접근 방법
이 약간은 유익이 될지 모르지만, 근본적인 해결책은 될 수 없
습니다. 왜냐하면 본질이 빗나갔기 때문입니다. 아무리 세상 지
식이 훌륭해도 성경 말씀 하나만 하겠습니까? 하나님의 말씀
과 비교할 수 없지요. 성경에 비추어 지금 무엇이 가치 있는 것
인지 모르는 것입니다. 단지 세상을 바라며 열심히 살아왔는데,
나중에 보니까 허망하고 후회됩니다. 거기서 나오는 분노가 세
상을 향해서, 이웃을 향해서 터지는 것입니다. 진정한 가치를
좇아서 살았다면 전혀 문제가 되지 않습니다. 실패냐 성공이냐
가 전혀 문제가 되지 않습니다. 최고의 가치가 무엇인지, 그리
고 가치 있는 인생이 무엇인지를 모릅니다. 가치관의 혼란 속에
나오는 당연한 결과입니다.

보화를 발견한 사람의 태도 – 삶의 응답

한 화가가 그림을 그렸습니다. 캄캄한 밤바다 위에 위태롭게

떠 있는 작은 배입니다. 주변에서는 큰 파도가 쳐 금세라도 그 작은 배를 덮칠 것 같은 상황입니다. 그런데 그 배 위의 항해자는 캄캄한 밤하늘의 북극성만 뚫어지게 올려다보고 있습니다. 그런 모습을 그린 그림입니다. 그리고 그 밑에 이런 글귀가 적혀 있습니다. '내가 저 별을 잃어버리면 나를 잃어버린다.'

천국을 잃어버리면 다 잃는 것입니다. 그리스도의 복음을 잃어버리면 모든 걸 잃어버리는 것입니다. 그러나 천국을 갈망하고, 천국의 가치를 아는 사람은 아무리 이 세상에서 환난이 있고, 역경이 있고, 고통이 있고, 질병이 있더라도 기쁨이 있습니다. 소망이 있기 때문입니다. 무엇보다도 이 간단한 말씀을 통하여 예수님께서 강조하시는 것은 응답이 있다는 것입니다. 값지고 귀한 보석을 발견했다면 어떻게 가만히 있을 수 있습니까? 응답이 있어야지요.

저는 '반응'이라는 말을 신학적으로 좋아하지 않습니다. 반응은 아무 생각 없이 그냥 행동이 취해지는 것이고, 응답은 깊이 생각하는 것입니다. 이성적으로, 인격적으로 생각하며 한 결단이요 행동입니다. 최상의 가치가 있는 보물을 발견했으면 어떻게 그냥 있을 수 있습니까? 모르는 사람은 그냥 있겠지만, 발견한 사람은 깊이 생각합니다. '이걸 어떻게 해야 내 것으로 만들 수 있을까? 이것을 어떻게 내 것으로 취할 수 있을까?'라고 생각만 하지 않고 행동으로 응답이 나옵니다. 이것이 마땅한 것입니다.

오늘 본문 말씀을 보십시오. "자기의 소유를 다 팔아 그 밭을 사느니라"(44절). 가장 자연스러운 것입니다. 가장 귀한 보물을 발견했는데, 어떻게 가만히 있을 수 있겠습니까! 내 모든 걸 팔아서라도 가질 수만 있다면, 전혀 아깝지 않은 것이 이처럼 귀한 것입니다. 이와 같은 응답이 있는 곳이 천국이라고 말씀하십니다.

성도 여러분, 정말 천국을 믿으십니까? 정말 천국이 최상의 보물이며 가치임을 확신하며 오늘을 살아가십니까? 정말 믿고 확신한다면 변하지 말라고 해도 변할 수밖에 없습니다. 응답할 수밖에 없습니다. 이것이 내 인생에 가장 귀한 것이라면 그것을 좇아, 그 가치관을 향하여 오늘을 살아가게 됩니다. 신약성경에 나타나는 이야기는 다 그런 것입니다. "예수가 주시다." "그가 전하신 천국이 확실히 있다." 그것을 믿을 때 변합니다. 그 확신 속에 모였고, 그것이 교회가 되었습니다. 그리고 그들은 그 복음을 전했고, 이웃을 사랑했습니다. 그들의 소유를 내놓아 함께 신앙의 공동체를 이루었습니다. 그것이 성령의 역사요, 복음에 대한 응답이었습니다.

성도 여러분, 이처럼 발견한다는 것 자체가 중요한데 이것은 선물입니다. 그런데 발견 갖고는 안 됩니다. 내 것으로 만들어야 합니다. 가장 귀한 보물을 내 것으로, 내 소유로 만들어야 합니다. 그러려면 대가를 지불해야 합니다. 하나님께서 원하시는 대가는 오직 믿음입니다. 흔들거리며 왔다 갔다 하는 불순종의 믿음이 아니라, 믿는 대로 실천하는 믿음입니다. 천국이 정말 귀하다면 다른 걸 다 버려도, 다 바쳐도 아깝지 않은 그 믿음입니다. 천국의 진정한 가치를 아는 그 믿음을 하나님께서 기뻐하십니다. 오늘의 메시지가 바로 그것입니다. '보물을 발견하니, 내 모든 소유를 다 팔아서 그 보물을 샀느니라.' 얼마나 귀한 말씀입니까!

우리는 자꾸 복음을 믿음으로써 세상에서 부와 건강을 얻고, 형통하고, 내 소원이 다 이루어지는 것으로 생각하려 합니다. 그러나 복음은 그런 것이 아닙니다. 복음은 오직 복음으로만 만족하는 것입니다. 그것이 가장 깨끗한 믿음이요, 그 중심을 하나님께서 기뻐하십니다. 신약성경을 보십시오. 사도들이 그 복음을 증거하면서 '이 복음을 증거하면 세상에서 내가 부를 얻고, 건강을 얻고, 명예를 얻고, 권력을 얻을 것이다'라고 생각한 것이 전혀 아니었습니다. 초대교회의 그리스도인들도 똑같았습니다. 그들은 단지 이 천국의 가치관과 가치를 알았을 뿐입니다. 그래서 순교까지 하게 됩니다. 이런 사람들을 향해서 그때나 지금이나 불신자들은 이렇게 표현할 것입니다. '저 사람 미쳤구나.' 그렇지 않습니까? 정말 복음을 믿고, 복음의 증인으로 살아간다면 불신자들은 그렇게 반응합니다. '저 사람 미쳤구나. 보이지 않는 걸 뭘 믿어? 보이지 않는 걸 뭘 그렇게 귀하다고 자신의 열정과 시간과 재물을 내놓으면서 그런 일을 하는 거야? 저 사람 미쳤네.' 이렇게 말하는 것은 무지하기 때문입니다. 진정한 가치를 모르기 때문입니다. 그러나 그리스도인은 다릅니다.

사도행전 26장에서 당시 유대의 왕과 로마총독이 사도 바울을 심문합니다. 죄수인 사도 바울이 '예수는 주시다. 이 땅에 오시어 십자가에 죽으셨으나, 부활하셨다. 그리고 천국은 있다'고 할 때 그들은 바울에게 이렇게 말합니다. "저가 미쳤도다." 성경은 그렇게 기록합니다. 정말 천국을 가장 귀한 보물로 알고, 그 복음을 믿음으로 살아간다면 내 주변 사람에게 '저 사람 살짝 돌았구나. 미쳤구나'라는 소리를 한두 번은 들어야 정상 아니겠습니까?

가장 귀한 가치이며 보화인 천국

하나님의 사람 성 프란체스코와 관련된 유명한 사건이 있었습니다. 그는 아버지가 큰 포목상을 하는 부자였습니다. 아버지는 자신의 기업을 아들인 프란체스코에게 물려주기를 원했습니다. 그런데 프란체스코는 23살 때 전쟁에 나가게 되고, 거기서 포로가 되었다가 고통을 받고 큰 중병을 얻게 됩니다. 그때 하나님께 간절히 기도하던 중 하나님의 큰 은혜를 체험하며 치유가 되는 경험을 합니다. 그 다음부터 그는 완전히 다른 삶을 살아갑니다. 매일 성경을 읽고, 기도하고, 복음 전하고, 이웃에게 구제를 행하면서 살았습니다. 참다못한 아버지가 말렸습니다. 그런데도 그는 자신의 귀한 재물도, 옷도, 물건도 자꾸 가난한 사람에게 나누어주었습니다. 결국은 아버지가 화가 났습니다. 그리고 아들을 데려다가 법관 앞에 세우고 상속권을 박탈했습니다. 그러니까 법적으로 부자관계를 끊은 것입니다. 그때 프란체스코는 아버지가 사준 옷을 입고 있었습니다. 그는 그 옷을 벗어서 아버지 앞에 개어놓고 이렇게 말했습니다. "아버지, 이걸 받아주세요. 앞으로는 하늘에 계신 내 아버지께서 저를 돌보아주실 것입니다."

성도 여러분, '예수님께서 나를 위하여 십자가에 돌아가셨다'

는 사실을 믿음으로 우리는 그리스도인이 되었습니다. 예수님의 십자가의 희생, 그 가치가 그리스도인의 삶입니다. 옛사람이 아니라, 새사람인 천국인의 인생입니다. 그 가치를 좇아 나를 구원하신 예수 그리스도의 사람으로 오늘을 살아가는 것이 믿음의 삶입니다. 성령께서는 모든 그리스도인을 항상 그리스도의 복음으로 인도하십니다. 그 복음이 우리 안에서 십자가에서의 예수님의 놀라운 구속의 사역을 깨닫고, 확신하게 합니다. 그리고 새로운 가치를 좇아 그 가치를 붙들고 오늘을 살도록 우리를 변화시킵니다.

천국의 가치를 한번 생각해 보십시오. 그것은 십자가의 가치에 비할 바가 아닙니다. 십자가는 천국에 가기 위한 은혜의 방편입니다. 그것은 유일한 하나님의 구속의 계획입니다. 그러나 거기서 끝나는 것이 아닙니다. 우리는 그 십자가와 부활을 넘어 천국의 삶을 보장받은 사람입니다. 그러니 무엇과 비교할 수 있겠습니까?

성도 여러분, 여러분은 진정 예수님의 말씀대로 천국이 가장 귀한 가치요 보물임을 믿음으로 확신하며 오늘을 살아가십니까? 그 사람은 항상 그 복음을 묵상하며 살아가는 사람이요, 복음의 증인으로 그 가치에 순종하며 이끌리어 오늘을 살아가는 사람입니다. 여기에 승리가 약속되어 있습니다. 하나님께서는 나를 통하여, 이 복음의 증인된 삶을 통하여 영광받기를 원하십니다. 또한 복음의 증인의 삶을 영화롭게 하십니다. 그리고 그와 언제나 함께하실 것입니다.

기도

전지전능하신 은혜의 하나님, 어두운 세상의 권세에 이끌리어 세상의 가치관을 벗어나지 못하며, 멸망으로 향하는 어리석은 인생을 살아가는 자를 하나님께서 불쌍히 여기시사 주의 은혜로 우리를 부르시고, 주의 복음을 믿음으로 천국 가치관에 이끌린 삶을 살도록 새롭게 해주심에 진심으로 감사를 드립니다. 천국은 감추어진 보화이고, 가장 귀한 가치임을 믿음으로 확신하며, 이 가치관에 이끌려 살아가는 모든 주의 사람 되게 우리를 지켜주시고, 주의 길로 인도하여 주시옵소서. 이 세상이 깜짝 놀랄 만한 천국 진리를 우리를 통해서 나타내 주셔서 하나님과 동행하며 하나님께 영광 돌리는 승리의 삶을 살도록 함께하여 주시옵소서. 우리 주 예수 그리스도의 이름으로 간절히 기도드리옵나이다. 아멘.

02

·

겨자씨 한 알

·

또 비유를 들어 이르시되 천국은 마치 사람이 자기 밭에 갖다 심은 겨자씨 한 알
같으니 이는 모든 씨보다 작은 것이로되 자란 후에는 풀보다 커서 나무가 되매 공
중의 새들이 와서 그 가지에 깃들이느니라

— 마태복음 13:31-32

02

겨자씨 한 알

〜

  고대 그리스 철학자인 탈레스는 '만물의 근원은 물이다'라고
선언한 최초의 유물론 철학자입니다. 그는 그 당시에 벌써 일식
을 발견할 정도로 천문학에 깊은 관심을 갖고 있었습니다. 어느
날 오후 탈레스는 평소처럼 하늘만 쳐다보면서 깊은 생각에 잠
겨 길을 가고 있었습니다. 그런데 그만 풍덩하는 소리에 정신을
차리고 보니, 자신이 깊은 웅덩이에 빠져 있는 것이었습니다.
이 모습을 본 이웃이 탈레스에게 이렇게 말했다고 합니다. "아
니, 당신은 당신 발 바로 아래 땅도 모르면서 무슨 하늘을 알겠
다고 덤비는 것입니까?"

  성도 여러분, 인간의 지식은 항상 제한적이고 한계가 있다는

것을 기억해야 합니다. 영원할 것 같지만, 끝이 있습니다. 그래서 부분적인 지식이라는 것입니다. 인간의 지식은 부분적인 진리일 뿐이지, 영원한 진리가 될 수는 없습니다. 세상에는 저명한 종교 창시자들과 유명한 철학자, 사상가들이 있습니다. 물론 그들의 지식은 놀랍지만, 제한된 공간과 한계 안에서 살았고, 제한된 인생을 살았을 뿐입니다. 그래서 그들은 영원한 진리를 알지도 못했고, 그것을 말할 수도 없었습니다. 그들의 지식은 다 끝이 있었습니다.

이것은 역사를 통해서 우리가 분명히 알 수 있는 것입니다. 불교의 창시자인 석가모니도 참 높고 깊은 종교사상을 전파했지만, 그저 한 시대를 살아간 사람이었을 뿐입니다. 그가 어떻게 창세를 알며, 종말을 알았겠습니까? 추상적으로 '이랬을 것이다, 이럴 것이다'라고 말했던 것이지, 그 자체는 사건이 아닌 단지 추상적 개념일 뿐입니다. 부분적 진리일 뿐이지요. 이것을 항상 기억하며 살아가야 합니다.

천국을 갈망하는 그리스도인

성경이 말하는 오직 한 분이신 여호와 하나님, 창조주 하나님은 스스로 계시하십니다. 스스로 하나님의 뜻을, 말씀을, 지혜와 능력과 은혜와 사랑을 나타내주십니다. 그 기록이 성경입니다. 기독교의 진리는 하나님으로부터 계시된 것입니다. 구원에 이르는 믿음은 바로 이 계시를 믿는 것입니다. 사람의 말을 믿는 것이 아니라, 하나님의 말씀을 진리로 믿는 것에서부터 시작됩니다. 그래서 예수님께서 그리스도인의 삶의 최우선순위를 명료하게 말씀하셨습니다. "너희는 먼저 그의 나라와 그의 의를 구하라."

이게 무슨 뜻입니까? 하나님이 주신 계시를 구하며 살아가라는 것입니다. 이것은 일회적인 깨달음이 아닙니다. 이미 하나님께서 말씀하셨고, 알려주셨고, 사건화하셨고, 약속하신 그 계시를 따라가야만 하나님의 뜻을 분별하며, 참 진리가 무엇인지를 알며, 바른 신앙생활을 할 수 있습니다. 그런데 하나님의 계시를 모르면 아무리 애써봐야 부분적 진리에만 머무르는 것이고, 천국의 주변에만 맴도는 것일 뿐, 하나님과 함께하는 하나님 나라의 삶을 살아갈 수 없습니다.

이런 교훈적인 이야기가 있습니다. 한 임금이 갑자기 죽었습니다. 그랬더니 신하들이 웅성웅성하면서 시신을 놓고 말합니다. "임금님이 천국에 가셨을 거야." "아냐, 천국에 못 가셨을 거야." 그때 한 신하가 단호하게 말합니다. "임금님은 천국에 못 가셨습니다." 그래서 다른 신하들이 무슨 근거로 그렇게 확실하게 얘기하는지를 따져 묻자, 그가 이렇게 대답했다고 합니다. "잘 생각해 보십시오. 천국은 아주 먼 곳인데, 우리 임금님은 한 번도 그 천국에 대해서 말씀하신 적이 없지 않습니까? 더욱이 임금님은 항상 행차하실 때 완벽한 준비를 하고 가셨는데, 천국을 가시면서는 아무 준비도 안 하셨습니다. 그러니 어떻게 천국에 가셨겠습니까?"

성도 여러분, 오늘 천국을 묵상하고 갈망하며 그 진리를 좇아가는 사람이 구원받은 천국 백성입니다. 그래서 그런 사람을 '거듭난 그리스도인'이라 칭하는 것입니다.

천국 복음, 천국 진리

오늘 본문에서 예수님은 짧은 겨자씨 비유를 통하여 천국을 계시해 주십니다. "천국은 겨자씨 한 알 같도다." 이 단순한 진리를 항상 기억하며, 깊이 묵상하며, 이 속에서 하나님의 뜻을 분별하며, 그 뜻에 순종하는 자가 복 있는 사람입니다.

천국은 겨자씨 한 알 같다는 말씀에서 씨는 복음을 말합니다. 천국 복음, 천국 진리를 말합니다. 천국은 복음과 항상 함께합니다. 이것은 절대 분리될 수 없습니다. 잘못된 신앙생활이 여기에 있습니다. 천국을 믿고 하나님의 일을 한다고 하지만, 도

무지 천국 진리를 알지 못합니다. 그것은 한낱 종교생활이지, 천국 백성으로서의 삶이 아닙니다. 그래서 예수님이 산상수훈 결론에서 말씀하십니다. "나더러 주여 주여 하는 자마다 다 천국에 들어갈 것이 아니요 다만 하늘에 계신 내 아버지의 뜻대로 행하는 자라야 들어가리라"(마 7:21). 하나님의 뜻을 알고, 그 뜻을 실천하는 사람이 복 있는 사람이요 구원받은 사람이지, 그렇지 못하면 참 덧없는 인생일 뿐입니다.

이 복음의 씨는 위로부터, 하늘로부터 계시됩니다. 사람의 말도 아니요, 세상이 만든 것이 아닙니다. 이것은 약속이요, 사건입니다. 그러니 그리스도인은 복음을 소중히 여깁니다. 이 씨를 보물과 같이 귀히 여깁니다. 그 사람이 하나님의 자녀입니다. 그 씨 자체가 생명력이 있다는 것을 알기 때문입니다. 그 복음의 씨를 받아들임으로 내가 변화되었고, 내가 변해지고 있는 것을 압니다. 그러므로 생명 그 자체인 씨를 소중히 여기며, 이 일에 감사하는 사람이 그리스도인입니다. 이것은 추상적인 이야기가 아니지 않습니까? 내 안에 나타난 사건입니다. 생명력 그 자체입니다.

너무나도 작은 겨자씨

또한 이 씨는 말 그대로 겨자씨인데, 아주 작습니다. 예수님께서 말씀하십니다. "모든 씨보다 작은 것이로다." 이는 가장 작은 것을 말씀하시는 상징적인 표현입니다. 물론 당시에 더 작은 씨도 있었습니다. 그러나 그 당시 표현법으로 가장 작은 것을 겨자씨로 표현했습니다. 그리고 반대로 가장 큰 것을 '모든 새들이 깃들인 나무와 같다'고 표현하는데, 이는 제국을 가리킵니다. 많은 나라들을 속국으로 두고 있는 큰 나무, 이것은 제국입니다.

오늘 본문에서 예수님은 말씀하십니다. "천국은 마치 사람이 자기 밭에 갖다 심은 겨자씨 한 알 같으니"(31절). 깊이 묵상하며 살아가시기 바랍니다. 작은 겨자씨, 가장 작은 것과 같다고 하시는데 그래서 세상 사람들이 믿지 않습니다. 세상과 역행하기 때문입니다. 이것은 온 인류의 걸림돌입니다. 천국은 거대하게 시작하여야 사람들이 알 것 같고, 많이 알려야 될 것 같은데 그렇지 않습니다. 작은 씨와 같습니다.

반면 세상에서 일어난 일들을 보십시오. 특히 대통령 취임식을 생각해 보십시오. 얼마나 거대합니까! 각국에서 사람들을 초대하고, 오래 준비하고, 전 세계에 크게 알립니다. 이것이 세상의 일이고 세상의 방식입니다. 이래야 사람들은 귀를 기울이고 기대를 갖습니다. 그런데 하나님은 이 일을 아시면서도 그렇게 하지 않으십니다. 작은 겨자씨와 같다고 하시는데, 그래서 이것이 걸림돌이 됩니다. 그러나 이것이 하나님의 역사, 천국의 역사입니다.

　예수님이 이 땅에 오실 때 말구유에 오셨습니다. 그런데 말구유라니요? 도대체 말구유에서 태어나신 아기예수를 어떻게 믿으라는 말입니까? 신화 속에 등장하는 신들처럼 구름을 타고 오셔야 하는 것 아닙니까? 그러나 하나님의 나라는 절대 아닙니다. 여기에 속지 마십시오. 겨자씨와 같습니다. 가장 작은 것으로부터 시작합니다. 예수님의 십자가가 그것을 말해 줍니다. 능력이 많으신 그분이, 죽은 자도 살리신 그분이 도살장에 끌려가는 양과 같이 십자가에서 죽으십니다. 가장 작은 역사입니다. 그러니 어떻게 그 일을 보고 하나님의 위대한 계시의 역사로 받아들일 수 있습니까? 그래서 세상은 불신합니다. 그런데 이것이 하나님의 방식임을 미리 말씀하십니다. 천국은 겨자씨와 같다는 것을 분명히 알고 오늘을 살아가야 합니다. 오직 천국 백성만이, 그리스도인만이 이 일을 보며, 알며, 확신하며, 기뻐하며, 소망하며 오늘을 살아갈 수 있습니다. 만일 이것을 알지 못하고, 보지 못하면 다 실족하고, 변질되고 맙니다.

성도 여러분, 여러분은 천국의 역사를 깨닫고, 인식하며, 보며 오늘을 살아가십니까? 여기에 성령의 역사가 있는 것입니다. 복음의 역사를 정말 알며, 체험하며, 기뻐하며, 증거하며 오늘을 살아가십니까? 맹목적인 신앙생활은 그만하십시오. 그것은 기독교인이 아니라 종교생활입니다. 하나님 나라는 그렇게 역사하지도 않거니와 성령은 그렇게 역사하지 않으십니다. 분별하게 하시고, 깨닫게 하시고, 고백하며, 바라보며 오늘을 살아가게 하십니다.

세상의 풍조 안에 있는 사탄의 역사

그런데 그것을 바라보지 못하게 가리는 사탄의 역사가 있습니다. 장애물이 항상 우리 앞에 있습니다. 이것을 바르게 인식해서 제거해야 바른 신앙생활을 할 수 있습니다.

먼저는 복음에 대한 무지입니다. 왜곡된 복음을 받아들입니다. 잘못된 설교자로부터, 잘못된 교회로부터 아멘하고 받아들이면 이것은 돌아갈 길이 없습니다. 다시 돌아가려면 참으로 오래 걸립니다. 그래서 이 세밀한 천국의 역사를 인식하지 못하는 것입니다.

또 다른 이유는 세상의 영향력이 너무 커서입니다. 대통령의 행사만 아니라, 세상과 역사에 큰 일이 얼마나 많습니까? 그래서 성경은 '세상 풍조에 휩쓸렸다'고 말합니다. 알게 모르게 휩쓸립니다. 그래서 영적인 세계를 바라보지 못합니다. 세상의 이 진리관, 세계관, 가치관, 물질관, 행복관으로 말이지요. 이 모든 것이 우리를 계속 흔들어댑니다. 그 순간 우리는 보지 못합니다.

그리고 보이는 것에 자꾸 집착하기 때문입니다. 보이는 것에 "와, 와" 놀라며 자꾸 그리로 끌려갑니다. 그러나 천국은 영적인 것입니다. 그러므로 눈에 보이는 것은 겨자씨 한 알과 같은 사건입니다. 또한 우리가 소망의 인내를 갖지 못하기 때문입니다. 인내를 잃었습니다. 너무 조급합니다. 조급히 결과를 원하니 망쳐버리고 맙니다. 그쪽으로 끌려갑니다. 안수 한 번 받으면 모든 것이 해결된다고들 이야기합니다. 병도 낫고, 사업도 잘된다고요. 하지만 그런 것이 성경에 어디 있습니까? 그런데도 그냥 끌려갑니다.

우리가 항상 기도합니다마는, 정말 저나 여러분이나 조심해야 될 것이 그것입니다. "하나님, 당장 응답해 주세요. 하나님, 저 급합니다. 아시지요?"라고 기도하며 자신이 기한까지 정합니다. 몇 월, 며칠까지라고요. 그렇게 열심을 내서 기도합니다. 그러다 또 안 되면 이렇게 기도합니다. "올해 말까지는 기다리겠습니다." 사실 이것이 협박이지, 정말 기도입니까? 이렇게 스스로 갇혀 있기에 복음의 세계를 보지 못합니다. 이것을 인식하고 회개하며 복음에 대한 눈과 귀를 활짝 열어야 됩니다.

하나님 나라의 역사성과 필연성

예수님께서 말씀하신 이 겨자씨 비유는 너무나 널리 알려진 비유이자 간단한 비유지만, 이 속에 천국 진리가 계시되어 있습니다. 이 비유는 가장 명확한 계시로 위대한 하나님의 역사를 말합니다. 가장 작은 것으로 시작했는데, 모든 새들이 깃드는 나무가 됩니다. 하나님 나라의 위대성과 확실성을 우리에게 말씀해 줍니다. 하나님 나라는 분명히 시작됐고, 이처럼 위대한 결말로 끝날 것이라는 역사성과 필연성을 우리에게 말씀해 줍니다. '그러니 낙망하지 마라. 흔들거리지 마라. 절망하지 마라. 오직 주의 복음을 붙들고, 그 천국을 믿으며, 소망 가운데 오늘을 살아가라.' 이 말씀을 해주십니다.

역사적인 사건이지만, 당시 로마제국은 천년 동안 세계를 다스렸습니다. 그 거대한 나라가 몇 명의 제자로 시작된 교회를 핍박하며 없애버리려고 합니다. 그들은 간단히 생각했습니다. 그래서 전략적으로, 아주 강압적으로, 체계적으로 없애려고 했지만, 하나님의 교회는 날로 부흥했습니다. 그것이 성경의 사건이며, 그것이 오늘까지 이릅니다. 대신 로마는 없어졌습니다. '하나님 나라가 이와 같다'고 말씀하십니다.

또한 초대교회나 지금이나 역사 안에서 교회는 계속 위기 속에 있고, 때로는 부패하고 타락합니다. 자꾸 세상 풍조에 휩쓸립니다. 그것은 세상 것이 교회로 들어오기 때문입니다. 잘못된 복음이 선포되기 때문입니다. 그럴 때마다 사람들은 말합니다. "하나님 나라가 어디 있는가? 하나님의 복음의 역사는 어떻게 된 것인가?" 그러나 오늘 이 비유를 통해서 말씀하십니다. "걱정하지 마십시오. 살아 계신 하나님께서 이루실 것입니다. 반드시 거대한 역사로 결말을 맺을 것입니다." 그러니 이렇게 말씀하고 있습니다. "낙망하지 마라. 흔들리지 마라." 오늘도 하나님께서, 삼위일체 하나님께서 복음과 함께 역사하시어 거듭남의 역사를 일으키시고, 어디인가로부터 새롭게 시작하십니다. 눈에 보이는 것에 끌려가지 마십시오.

하나님이 정하신 그 때 - 하나님의 때

또 다른 메시지는 하나님의 때를 말하고 있습니다. 하나님의 뜻대로 정해진 시간에 이러한 역사가 나타날 것입니다. 그 예표가 출애굽입니다. 이스라엘 백성이 애굽에서 고역 중에 탄식하며 하나님의 은혜를 구합니다. 그러나 어느 날 갑자기 아브라함에게 약속하셨던 그 약속이 이루어져 출애굽을 합니다. 이것이 하나님이 정하신 때입니다. 또한 그 예표가 예수님을 통해서 명확히 계시됩니다. '때가 차매', 하나님의 때에 하나님의 약속이 성취되었음을, 예수 그리스도를 통해서 메시아가 이 땅에 오셨음을 말씀해 줍니다. 하나님의 나라는 반드시 옵니다. 이미 왔고, 이루어집니다. 우리 모두가 하루에 몇 번씩 기도하는 주기도문이 바로 그것입니다.

예수님께서 그 기도를 가르쳐주셨습니다. '나라가 임하옵시며 뜻이 하늘에서 이룬 것처럼 땅에서도 이루어지다.' 그대로 될 것입니다. 하늘에서 이루어진 것처럼 땅에서 이루어지는 것은 하나님의 때에 이루어질 것입니다. 이것이 하나님의 약속이요, 이것이 성경의 말씀입니다. 오직 믿는 자만이 이것을 보며, 기뻐하며, 소망하며 오늘을 살아갑니다. 세상이 뭐라고 하든, 세상의 어떤 유명인이, 어떤 권세 있는 자가 조롱하고 무시하든, 그리스도인은 하나님의 이 약속을 확실히 믿으며 오늘을 살아갑니다.

그리고 이 위대한 역사가 가장 작은 것으로부터 시작됩니다. 겨자씨 한 알과 같습니다. 그런데 우리가 가장 유혹받는 것이

바로 이것입니다. 그리스도인이, 교회와 기독교가 타락하는 것
이 바로 여기서 시작됩니다. 자꾸 거대하게 시작하려는 것이지
요. 조직화하고 체계화해서 세상에 큰 충격을 주어야 저들이 교
회의 권세를 알고, 하나님의 살아 계심을 알 것이라는 이야기를
합니다. 하지만 그때마다 의심하십시오. '겨자씨 한 알과 같다'
는 말씀을 생각하십시오. 그것은 세상의 방식이지, 참 교회의
방식은 아닙니다. 하나님 나라인 교회는 그렇게 이루어지는 것
이 아닙니다.

성경을 보십시오. 하나님께서 거대한 하나님 나라를 이루시
기 위하여 겨자씨 한 알과 같은 아브라함 한 사람을 택하셨습니
다. 또한 세계 선교를 이루시기 위하여 사도 바울 한 사람을 택
하셨습니다. 말이 안 되지만, 이것이 하나님의 방식입니다. 그
래야 하나님이 하신 일인지 알 것 아닙니까? 그래서 "너희는 가
만히 잠잠히 기다리라"고 말씀하십니다. 하나님 나라는 하나님
께서 믿는 자를 통해서 이루십니다.

종교개혁도 거대한 가톨릭에 대항해 소수의 사람에 의해 진
행되었습니다. 오늘도 이와 같은 방식으로 하나님께서 역사하
십니다. 그러므로 천국 백성 된 그리스도인은 이 일의 증인으로
오늘을 살아갑니다. 나 하나가 겨자씨 한 알입니다. 복음이 내
안에 심겨졌습니다. 그러면 나로부터 하나님의 역사가 나타납

니다. 다른 곳을 보지 마십시오. 조용하게, 세밀하게 겨자씨 한 알의 역사가 하나님의 부르심에 응답하는 사람을 통해서 나타나기 시작합니다.

복음의 겨자씨를 심게 하신 하나님의 경륜

제가 쓴 책『예수께서 전파하신 하나님의 나라』에서 가장 중요한 본질적인 하나님 나라에 대한 진리 일곱 개를 실었는데, 막연하게 천국을 얘기하지 마시고, 말씀을 붙들고 깊이 매일매일 반복하면서 읽으시기 바랍니다. 먼저는 내가 그것을 묵상하고, 그리고 남에게 증거하십시오. 우리는 하나님께서 나를 부르시는 그날까지, 내가 천국 들어가는 그날까지 천국 복음의 증인으로 살아갑니다.

성도 여러분, 아무리 겨자씨 한 알이, 복음의 씨가 위대한들 심기지 않는데 무슨 열매가 맺겠습니까? 오늘 주께서 말씀하십니다. "심긴 겨자씨 한 알과 같도다." 이 얼마나 신비로운 말씀입니까? 심겨져야 합니다. 내가 그리스도인 된 이유는, 내가 하나님의 자녀 된 이유는 복음의 겨자씨 한 알을 이 땅에 심기 위한 하나님의 경륜 속에서 이루어집니다.

오래전에 있었던 큰 교훈을 주는 유명한 실화입니다. 미국 어느 주일학교 교사의 이야기인데, 주일에 교회를 가다가 골목에서 코흘리개 장난꾸러기 어린이 네 명을 만나 잘 설득해서 교회로 데려왔습니다. 그리고 그들에게 복음을 전했습니다. 매주일 그들을 초대해서 사랑을 다해 복음을 전했습니다. 당시 그들에게 심겨진 믿음은 겨자씨 한 알만한 믿음뿐이었습니다. 어린아이들이니 얼마나 깨달았겠습니까? 그런데 30년 후, 이 주일학교 교사가 생일을 맞았을 때 축하전보를 받습니다. 그 코흘리개 아이들이 성장해서 그분에게 감사하며 생일을 축하하기 위해 전보를 보낸 것입니다. 첫째 전보는 선교사가 되어 중국에서 복음을 전하고 있는 사람으로부터 왔고, 둘째 것은 미국 연방은행의 총재가 된 사람으로부터 왔고, 셋째 것은 백악관에서 대통령을 보좌하는 사람으로부터 왔고, 넷째 것은 백악관의 주인으로부터 왔습니다. 그가 미국의 제31대 대통령 허버트 클라크 후버입니다.

겨자씨 한 알을 통해 역사하시는 하나님

성도 여러분, 성경으로 다시 돌아가 보십시오. 어느 날 갑자기 하나님께서 아브라함을 택하십니다. 믿음의 조상으로 그를 지명하십니다. 그가 다 알거나, 모든 것을 보았겠습니까? 성경에 기록되고, 믿음의 조상으로 강력한 영향을 끼칠 그런 사람으로 남을 줄을 알았겠습니까? 전혀 몰랐습니다. 단지 하나님의 약속을 믿고 하나님의 증인으로 살았습니다. 정말 아브라함은 이룬 업적이 별로 없습니다. 매일매일 그냥 그렇게 살았습니다. 그런데 하나님께서 그 말씀을, 약속을 지키십니다. 그 겨자씨 한 알만한 수고를 통하여 하나님께서 역사하셨습니다.

요셉은 어떻습니까? 어느 날 갑자기 청년 요셉이 애굽에 노예로 팔려갑니다. 그것은 죽음 자체와도 같습니다. 그런 그가 국무총리가 될지, 이스라엘 민족을 도울지 어찌 알았겠습니까? 뭘 봤겠습니까? 오직 하나님을 믿고 약속을 붙들었습니다. 그를 통하여 하나님께서 역사하셨습니다. 모세도, 다윗도 마찬가지입니다. 특히 예수님의 열한 제자, 이 사람들은 더 한심한 사람들입니다. 어떻게 하나님 나라를 이루는데, 이렇게 시작할 수 있습니까? 그런데 그게 하나님의 방식입니다. '천국은 심겨진 겨자씨 한 알 같도다.' 그들은 믿었습니다. 믿고 충성했을 뿐입니다. 그리고 그 증인으로 살았습니다.

역사는 하나님께서 하신 일입니다. 사도 바울도 세계 선교를 위하여 본인이 뭘 할 수 있었겠습니까? 때를 얻든지 못 얻든지, 나로부터 내게 준 복음의 씨를 세상에 심으며, 증거하며 살았습니다. 그들 모두도 다 알 수 없었습니다. 그 신비한 하나님의 역사를 다 볼 수 없었습니다. 그러나 약속을 믿었습니다. 그 것뿐입니다. 하나님의 증인으로, 복음의 증인으로 살아간 겁니다. 그 속에서 하나님께서 하나님의 위대한 역사를 스스로 이루고 계십니다. 로마서 8장 28절은 말씀합니다. "우리가 알거니와 하나님을 사랑하는 자 곧 그의 뜻대로 부르심을 입은 자들에게는 모든 것이 합력하여 선을 이루느니라." "우리가 알거니와", 즉 모르면 안 됩니다. 알아야 믿고 따라갈 것 아닙니까? '우리가 알거니와 모든 것이 그리스도인을 통해서 합력하여 선을 이루느니라.'

우리가 하는 일은 겨자씨 한 알, 그것을 심는 일이지만 하나님께서 그 일을 통하여 위대한 역사를 이루시고, 이 일에 순종하는 자에게 위대한 인생을 허락하십니다. 이 놀라운 하나님의 역사 속에 나의 정체성을 분명히 가져야 합니다. 하나님 나라는 임했고, 임할 것입니다. 나는 그 나라의 백성이며, 천국 백성입니다. 이제 나를 통하여 심어진 복음의 씨가 하나님의 역사에 따라 하나님의 지혜와 능력으로 거대한 구원의 역사를 이룰 것입니다. 이 믿음으로 소망 중에 우리는 살아가야 합니다.

전지전능하신 은혜의 하나님, 하나님을 거역하고 불신앙 가운데 살아가
는 저희를 불쌍히 여기시사 우리 안에 복음의 씨를 심어주시고, 예수 그
리스도 안에서 천국 복음을 영접하여 이 어두운 세계에 복음의 빛을 비
추며, 감히 하나님의 동역자로 이 시대를 살게 해주심을 진심으로 감사드립니다.
그럼에도 불구하고 잘못된 복음을 받아들이며, 세상 풍조에 휩쓸리고, 소망의 인
내를 이루지 못해서 맹목적인 신앙생활을 하며, 바른 신앙의 열매를 맺지 못하
고, 복음의 감격과 그 영광과 가치를 잃고 살아가는 죄인을 불쌍히 여겨주시옵소
서. 매일매일 종일토록 복음이 우리 안에서 역사하여 복음적인 사람으로 천국 복
음을 이 세상에 전하며, 나의 인생을 그 복음의 빛을 따라 나아가는 주의 동역자
의 삶을 권세 있게 살아갈 수 있도록 함께하여 주시옵소서. 우리 주 예수 그리스
도의 이름으로 간절히 기도드리옵나이다. 아멘.

03

·

천국에서 큰 사람

·

그 때에 제자들이 예수께 나아와 이르되 천국에서는 누가 크니이까 예수께서 한
어린 아이를 불러 그들 가운데 세우시고 이르시되 진실로 너희에게 이르노니 너
희가 돌이켜 어린 아이들과 같이 되지 아니하면 결단코 천국에 들어가지 못하리
라 그러므로 누구든지 이 어린 아이와 같이 자기를 낮추는 사람이 천국에서 큰 자
니라 또 누구든지 내 이름으로 이런 어린 아이 하나를 영접하면 곧 나를 영접함이
니 누구든지 나를 믿는 이 작은 자 중 하나를 실족하게 하면 차라리 연자 맷돌이
그 목에 달려서 깊은 바다에 빠뜨려지는 것이 나으니라

— 마태복음 18:1-6

03

천국에서 큰 사람

∽

    요즘 인터넷에 '삼위일체 어린이'라고 검색하면 볼 수 있는 영상이 있습니다. 얼마 전 성도들 사이에서 핸드폰으로 전파되어 많은 분들이 이 영상을 접했습니다. 저도 여러 번 보았습니다. 한 어린아이가 엄마에게 주일학교에서 배운 삼위일체 하나님에 대해 설명하는 모습을 엄마가 찍은 3분 정도 되는 영상입니다. 그런데 이 아이가 매우 논리적으로 확신에 차서 엄마를 설득하는 그 모습이 우리 어른들에게 많은 생각을 줍니다.

    아이가 엄마에게 물었습니다. "엄마, 엄마. 삼위일체 하나님이 뭔지 알아?" 어머니가 모르는 척, "그게 뭔데?"라고 되물으니까 아이가 말합니다. "하나님, 예수님, 성령님은 하나야, 하나." 그러면서 "이거는 이해하는 게 아니라 믿는 거야. 알았어?" 하고 말합니다. 그래 엄마가 능청스럽게 "나는 잘 모르겠는데?" 했더니, 이 아이가 아주 확신에 차서 자기 언어로 예를 듭니다. "세 잎 클로버 있지? 잎이 하나, 둘, 셋. 그런데 한 줄기로 되어 있잖아? 이처럼 하나님, 예수님, 성령님도 하나야. 알았지?" 엄마가 또 잘 모르는 것 같으니까 아이가 다시 말합니다. "엄마, 엄마가 내 엄마지? 우리 엄마지? 내가 엄마가 나를 낳은 거 못 봤지? 그런데도 내가 우리 엄마라고 그러잖아? 내가 엄마 아니라고, 엄마인지 검사해 봐야 한다고 이러지 않잖아? 그처럼 믿는 거야. 또 엄마, 우리 진짜 호랑이는 못 봤잖아? 그런데도 호랑이가 있다고 믿잖아? 그렇게 믿는 거야. 알았어?" 여러분, 아셨습니까?

깨끗하고 단순한 마음

오늘 본문에는 예수님께서 천국 비밀을 선포하시는 사건이 기록되어 있습니다. 예수님께서 말씀하십니다. "진실로 너희에게 이르노니 너희가 돌이켜 어린 아이들과 같이 되지 아니하면 결단코 천국에 들어가지 못하리라"(3절). 돌이켜 어린아이와 같이 되지 아니하면 천국에 못 들어가리라는 이 말씀을 항상 기억해야 합니다. 이것은 행위의 문제가 아닙니다. 어린아이가 어떻게 많은 업적을 쌓고, 놀라운 일을 행하겠습니까? 이것은 존재를 말합니다. 어린아이와 같은 마음의 존재, 그런 존재가 되어야 천국에 들어간다는 것을 항상 기억하시기 바랍니다.

지금 유치하고 미성숙한, 지식이 없는 어리석은 어린아이의 속성을 말하는 것이 아닙니다. 예수님의 이 말씀은 어린아이와 같은 순전하고, 깨끗하고, 단순한 마음을 가진 존재가 되라는 것입니다. 비록 어른이지만, 돌이키고 변화되어 어린아이와 같은 마음을 가진 존재가 되어야 천국에 들어간다고 말씀하십니다.

어린아이는 참으로 단순한 마음을 가졌습니다. 반면 어른은 복잡합니다. 아이들은 보고 들은 대로 믿습니다. 그렇게 믿고 생각하면서 말합니다. 바로 그 마음입니다. 그러나 어른들은 지식은 많고 성숙했다고 하지만, 적어도 단순한 마음은 잃었습니다. 복잡합니다. 듣고 보는 대로 믿지 않습니다. 다시 생각하고, 자기 경험 안에서, 자기 판단 안에서, 자기 이해 능력 안에서 믿습니다. 결국은 믿고 싶은 것만 믿습니다. 이것은 불신앙입니다. 그대로 믿는 마음, 이것이 구원에 이르는 믿음입니다. 성경 말씀은 그대로 믿어야 합니다. 단순하게 기록한 그대로를 믿어야 됩니다. 그리고 나서 그 믿음으로 생각하고 상상하는 것입니다. 그 마음을 가져야만 천국에 들어간다고 말씀하십니다.

여러분은 이 마음을 가지고 살아가십니까? 나이가 많은가 적은가, 지식이 많은가 적은가의 문제가 아닙니다. 정말 내가 하나님의 사람이라면, 천국의 백성이라면 내 안에 어린아이와 같은 이 마음이 있을 것입니다. 그 마음으로 우리는 하나님과 함께 교제하며, 믿음의 성숙을 이루며 오늘을 살아가게 됩니다.

나 그리고 우리와 함께하는 하나님 나라

성경은 분명히 하나님께서 우리를 부르셨다고 말씀합니다. 그러면 그대로 믿고, 그 부르심을 항상 기억하고, 생각하고, 상상하며 오늘을 살아가는 것입니다. 창조주 하나님, 역사의 주인이신 하나님, 전지전능하신 하나님을 그대로 믿고 상상하며 살아가십시오. 매일매일 예수님이 이 땅에 오셨고, 십자가에 죽으셨고, 부활하셨고, 승천하셨고, 오늘도 하나님 나라의 왕으로 다스리심을 그대로 믿고 생각하면서 상상하십시오. 얼마나 감사하고, 기쁘고, 놀라운 일입니까? 천국과 지옥, 그대로 믿으십시오. 내 방식대로 말고, 성경의 방식을 따라서 믿으십시오. 얼마나 놀랍고 영광스러운 곳이 천국인지, 또한 얼마나 비참한 곳이 지옥인지를 그대로 생각하고 상상하며 살아가야 합니다.

오늘과 같은 핵가족 시대에도 시어머니는 며느리에 대해서 모든 것을 알고 있다고 합니다. 그 비결을 아십니까? 간단합니다. 손자손녀에게 물어보면 됩니다. '엄마 아빠 싸우냐? 큰소리 내냐? 어떻게 싸우냐?' 아이들은 보고 들은 대로 말합니다. 그것처럼 성경 그대로를 믿고, 생각하고, 상상하며 살아가는 사람이 하나님의 자녀요, 복 있는 사람입니다.

저명한 하나님의 사람 마틴 로이드 존스 박사가 쓴 『하나님의 나라』(*The Kingdom of God*)라는 책이 있습니다. 모든 성도 분들이 꼭 읽었으면 하는 책입니다. 이 책에서 저자는 '어떻게 하나님 나라가 우리 안에, 우리 가운데 있을 수 있을까?'라는 질문을 스스로 던지며, 이에 대한 성경적 답을 네 가지로 내립니다. 함께 생각해 보십시오.

첫째는 예수님이 누구신지를 인정할 때 하나님 나라는 내 안에 있습니다. 이것이 절대적인 시작입니다. 예수님은 해방자도, 내게 복을 주거나 내 문제를 해결해 주시는 위대한 스승 같은 분도 아니십니다. 예수님은 '하나님이 인간이 되신 분', '하나님이 성육신하신 분'입니다. 여기로부터 시작할 때 우리 안에 하나님 나라가 임하게 됩니다.

둘째는 예수님의 명령에 순종할 때 하나님 나라가 내 안에 있습니다. 그것은 그분의 의로운 가르침에 아멘이라고 말하는 것입니다. 그리스도인이라면 예수님의 말씀이 이해가 가든지 안 가든지, 먼저 아멘! 하면서 온 마음으로 받아들여야 합니다. 그때 우리 안에 하나님 나라가 나타납니다.

셋째는 자신에 대한 예수님의 평가에 귀를 기울이고, 그 평가를 받아들일 때 하나님 나라가 내 안에 있습니다. 성경의 방식대로 생각해 보십시오. 세상이 보는 내가 아닙니다. 내가 보는 내가 아니라, 예수님이 보시는 나는 잃어버린 양입니다. 구제 불능한 죄인입니다. 하나님을 멀리 떠난 사람입니다. 나는 항상 죄 가운데 있고, 소망이 없는 사람입니다. 그래서 거듭나야 합니다. 거듭나지 않으면 하나님과 함께할 수 없는 존재입니다. 그 사실을 그대로 받아들일 때 우리 안에 하나님 나라가 시작됩니다.

넷째는 자신을 예수님의 구원의 방식에 전적으로, 절대적으로 맡길 때 하나님 나라가 내 안에 있습니다. 모든 영역에서 만왕의 왕이신 예수 그리스도의 통치와 다스림을 그대로 인정해야 합니다. 그럴 때 하나님 나라를 경험할 수 있습니다.

거듭남으로 들어가는 하나님 나라

요한복음 3장에서 예수님은 거듭남의 진리를 말씀해 주십니다. 이는 절대 진리입니다. "사람이 거듭나지 아니하면 하나님의 나라를 볼 수 없느니라"(3절). 거듭나지 않으면 천국에 들어갈 수 없습니다. 그리고 동시에 말씀하십니다. "육으로 난 것은 육이요 영으로 난 것이 영이니"(6절). 세상의 모든 것은 육적 존재입니다. 거듭나야만 영적 존재가 됩니다.

예수님은 영적 존재만이 천국에 들어갈 수 있다고 말씀하십니다. 천국에 들어가는 길은 오직 거듭남, 그 길뿐입니다. 그 거듭남에 대한 깊은 천국교리를 예수님께서 지금 비유로 가장 쉽게 설명해 주십니다. '어린아이와 같이 되어라. 비록 너희가 어른이지만, 돌이켜 어린아이와 같이 되어라. 그래야만 천국에 들어가느니라.'

거듭남이 없는 기독교와 교회는 껍데기입니다. 하나님과 아무 관계가 없습니다. 거듭남이 없는 사람은 하나님과 아무 관계가 없습니다. 하나님의 자녀도 아니고, 천국 백성도 아닙니다. 그가 아무리 많은 선행을 했고, 전도와 봉사와 구제, 그리고 선교를 했어도 아닙니다. 스스로 찬양하며 거듭났다고 믿어봐야 아무 소용이 없습니다. 이것은 사건입니다. 우리 안에 어린아이와 같은 단순한 믿음이 나타나야 됩니다. 내 안에 거듭남의 역사가 있어야 천국에 들어갑니다. 어린아이와 같은 단순한 믿음, 그것을 볼 수 없으면 그는 하나님 나라와 아무 관계가 없습니다.

돌이켜 어린아이와 같이 되어야

"돌이켜 어린아이와 같이 되어라." 오늘 본문은 이렇게 표현
합니다. 돌이켜 변화되어 어린아이와 같은 존재가 되라는 것인
데, 이것은 존재의 변화를 말합니다. 오직 믿음으로 됩니다. 그
래서 성경은 권세 있게 선포합니다. '오직 의인은 믿음으로 말
미암아 살리라.' 내 안에 어린아이와 같은 마음, 그 믿음이 있는
지를 분별하며 오늘을 살아가야 합니다.

특별히 오늘 본문에는 제자들이 "천국에서 가장 큰 사람이
누구입니까? 가장 높은 사람이 누구입니까?"라고 묻는 질문
에 대한 예수님의 귀한 답변이 기록되어 있습니다. "누구든지
이 어린 아이와 같이 자기를 낮추는 사람이 천국에서 큰 자니
라"(4절). 천국에서는 이 세상 방식으로 유명하고, 권세 있고, 많
은 일을 행하고, 역사가 기록하는 것이 중요하지 않습니다. 딱
한 말씀입니다. '자기를 낮추는 자라야 천국에서 가장 높고 큰
자니라.' 주께서 말씀하십니다. 천국에서 큰 사람은 이 험악한
세상에서조차도 천국을 경험하고, 체험하고, 기뻐하며, 증거하
고, 자랑합니다. 이 세상에서 내 마음대로 살다가 천국 들어가

는 것이 아닙니다. '천국이 임하였느니라. 천국에 들어갔느니라.' 그것을 오늘 맛보며 기뻐하는 사람입니다.

자기를 낮춘다는 것은 겸손을 말합니다. 그런데 사람 앞에 겸손을 얘기하는 것이 아닙니다. 이것은 하나님 앞에서의 겸손을 말합니다. 하나님 앞에서 자기를 낮추는 사람을 뜻합니다. 왜냐하면 교만한 자는 하나님과 함께하지 못하기 때문입니다. 내뜻, 내 소원, 내 경험, 내 판단, 이런 방식으로 살아가는 사람은 하나님의 말씀을 들을 수도 없습니다. 교만한 자는 이미 하나님과 멀리 떨어진 사람이요, 하나님의 심판의 대상이라고 성경은 증거합니다.

예수님께서 마태복음 11장에서 이렇게 말씀하십니다. "나는 마음이 온유하고 겸손하니 나의 멍에를 메고 내게 배우라"(29절). "나는 겸손하니 내게 배우라." 그 겸손에 대해서 빌립보서 2장은 이렇게 기록합니다. '하나님과 동등한 분이시나, 자기를 낮추시어 죽기까지 하나님께 충성하여 십자가에 죽으셨더라.' 그만큼 낮추셨습니다. 그래서 예수님이 만왕의 왕이십니다. 하나님께서 높이셨습니다. 천국에서 가장 크신 자요, 왕이신 분은 예수 그리스도이십니다. 그는 하나님 앞에 가장 자신을 낮추신 겸손한 분이셨기 때문입니다. 그래서 예수님께서 내게 배우라고 말씀하십니다. 그 겸손을 배우라고 하십니다. 그래야 하나님께서 높이시기 때문입니다.

겸손한 그리스도인 증표 - 순종

구약성경에 보면 모세를 향하여 하나님께서 말씀하십니다. '온 지면에서, 이 세상에서 가장 온유한 자요, 겸손한 자다.' 그런데 모세에 대한 성경 기록을 보면 그는 성격이 굉장히 급하고, 잘못도 많이 했습니다. 그런 모세를 하나님께서는 겸손하다고 하십니다. 왜냐하면 성경 기록을 자세히 보면 적어도 하나님 앞에서 그는 그랬습니다. 항상 두려움과 떨림으로 하나님의 말씀 듣기를 사모했습니다. 하나님이 시내 산에 현현하셨을 때 이스라엘 백성들은 아무도 가지 못했습니다. 그런데 모세는 정말 두려움과 떨림으로, 경외하는 마음으로 하나님의 말씀을 듣고자 하여 갑니다. 그가 모세입니다. 정말 하나님 앞에 겸손한 사람입니다. 그는 하나님께 순종했습니다. 그리고 하나님께서는 그를 높이셨습니다. 하나님과 교제하는 사람은, 함께하는 사람은 그 마음이 겸손해집니다. 항상 그렇습니다. 동시에 그 겸손이 나로 하여금 하나님과 더욱더 가까이, 더 친숙하게 만듭니다. 하나님 앞에 겸손하지 못하면 하나님과 함께할 수 없습니다. 내가 하나님과 교제하지 못합니까? 함께함이 인식되지 않습니까? 내가 교만해서입니다. 회개해야 합니다.

예수님께서 우리에게 가르쳐주신 주기도문을 보면 '하늘에 계신 우리 아버지'라고 되어 있습니다. 거기에서 '아버지'는 아람어로 '아바'입니다. 직역하면 아버지가 아니라 '아빠'입니다. 아빠라고 부르는 존재는 어린아이입니다. 하나님 앞에 이렇게 어린아이와 같은 마음으로 있는 사람이 복이 있습니다. 그가 천국에서 가장 큰 자라고 예수님께서 말씀하십니다. 또한 자기를 낮춘다는 말은 순종을 말합니다. 이 겸손이 마음의 본질이라면, 순종은 겸손의 행위입니다. 겸손한 사람은 순종합니다. 겸손하다고 하는데 순종하지 않으면 그는 겸손한 사람이 아닙니다. 여러분, 여러분은 얼마나 하나님께 순종하며 살아가십니까? 순종하지 않는 만큼 나는 겸손하지 않은 것입니다.

하나님의 말씀 듣기를 사모하십니까? 하나님의 말씀을 깊이 깨닫기를 원하십니까? 답은 하나입니다. 하나님께 순종해야 됩니다. 순종하는 마음이 없으면, 실천하는 마음이 없으면 말씀이 들리지 않습니다. 그냥 울리는 꽹과리가 되고 맙니다. 그날 그 때뿐입니다. 왜 그런지 아십니까? 하나님의 말씀은 능력이 있어서 어느 곳에 나타나든지 모든 것을 뒤집어버립니다. 이 세상 속으로 오면 세상의 모든 가치관과 세계관을 뒤집어놓습니다. 우리 안에 들어오면 내 안에 있는 모든 잘못된 것을 뒤집어놓습니다. 그 말씀이 내게 들리고, 말씀이 내게 임할 때에 순종하는 마음이 생깁니다. 그 외에는 안 됩니다.

구약성경에 보면 사울 왕에 대한 기록이 있습니다. 그는 이스라엘의 초대 왕입니다. 특별히 사무엘상 15장에 놀라운 기록이 있습니다. 사무엘 선지자가 사울 왕에게 말합니다. "왕이 스스로 작게 여길 그 때에 이스라엘 지파의 머리가 되지 아니하셨나이까"(17절). 왕이 스스로 작게 여길 때 하나님께서 당신을 왕으로 만드셨다고 합니다. 이것이 어떤 내용이냐 하면, 당시 사울은 이스라엘 백성이 몰랐던 평범한 사람입니다. 그러나 겸손하고 순종하는 청년이었습니다. 하나님께서 그걸 귀히 보시고, 그를 불러 이스라엘의 왕으로 세우셨습니다. 그런데 그때 그는 '어떻게 나 같은 사람이 왕이 됩니까?'라며 도망갑니다. 하지만 하나님은 그 중심을 보시고 그를 높이셨습니다.

그러나 불과 얼마 안 되어서, 성경 기록을 보면 그는 불순종하기 시작합니다. 내 뜻대로 하고 싶었습니다. 그래서 아말렉과의 전투에서 하나님께서는 모든 것을 진멸하라고 하셨지만, 전쟁에 승리하고는 가장 귀한 것들은 몰래 감춥니다. 불순종한 것입니다. 그것을 하나님께서 사무엘을 통하여 지적하십니다. 이렇게까지 말씀하십니다. "왕이 여호와의 말씀을 버렸으므로 여호와께서 왕을 버려"(26절). 당신이 하나님의 말씀을 버렸으므로 하나님께서 당신을 버렸다는 것이지요. 결국 훗날 자신과 가문이 멸망합니다. 오직 하나님께 순종함으로만 하나님의 말씀을 들을 수 있고, 말씀의 능력을 체험할 수 있습니다.

죄인을 부르신 은혜에 대한 응답

성 프란체스코의 유명한 이야기가 있습니다. 한 제자가 물었습니다. "스승님, 스승님은 자신을 누구라고 생각하십니까? 어떤 존재라고 생각하십니까?" 그는 답합니다. "나는 세상에서 제일 악한 자야. 가장 나쁜 사람이야." 그러니까 이 제자가 말합니다. "말도 안 됩니다. 그게 사실이라면, 정말 나쁜 살인자와 도둑들은 어떻게 되는 것입니까?" 그러자 그는 말합니다. "자네가 몰라서 그래. 만일 내가 받은 은혜를 그들이 받았다면 그들은 나보다 더 훌륭한 사람이 되었을 거야. 내가 얼마나 많은 은혜를 받고 사는지 자네는 모른다네."

천국 백성은 항상 예수 그리스도 안에서, 하나님 앞에서 내가 누구인지를 알아야 됩니다. 우리는 과거에도 죄인이요, 오늘도 죄인이요, 그리고 내일도 죄인으로 살아갈 수밖에 없습니다. 어떻게 보면 구제 불능한 죄인이지만, 하나님께서 그런 나를 부르셨습니다. 그리고 하나님의 자녀가 되게 하셨습니다. 복음을 믿는 마음을 주셨습니다. 예수 그리스도를 그대로 영접했고, 구주로 고백합니다. 그래서 우리가 하나님의 자녀이고, 천국 백성입니다. 내 존재를 잊으면 안 됩니다. 하나님의 복음 없이는 우리는 아무것도 아닌 존재입니다. 세상에서 아무리 대단하다 해도 하나님 나라에서는 아무것도 아닙니다. 하나님의 은혜와 사랑이 없으면 나는 아무것도 아닙니다. 그 단순한 마음으로 하나님을 바라보며, 그 은혜에 응답하며 오늘을 살아가야 합니다.

믿음의 조상 아브라함을 다시 한 번 기억해 보십시오. 성경을 보면 아브라함보다 훌륭한 사람이 많습니다. 그런데 왜 아브라함이 믿음의 조상입니까? 그는 믿음의 조상으로, 믿는 자들 중에서 하나님이 그를 가장 높이셨습니다. 그런데 아브라함은 별로 한 일이 없습니다. 나라를 세우지도 않았고, 대단한 업적을 세운 일도 없습니다. 한마디로 특별한 행위, 놀랄 만한 행위 자체가 없습니다. 그런데 아브라함은 하나님과 함께한 사람입니다. 그는 하나님과 교제하며, 하나님께 겸손한 마음으로 순종했습니다. 그런 그를 하나님께서 높이시어 믿음의 조상으로, 천국에서 큰 자로 세우셨습니다. 그는 하나님이 자신을 택하셨고, 자신 같은 죄인을 불러주심을 믿었습니다. 하나님의 역사를 믿으며, 그 믿음의 상상력 가운데에 매일매일 살았습니다. 하나님 앞에 겸손한 사람으로 살았습니다. 하나님께서 그를 통하여 역사하신 것뿐입니다.

오직 예수 그리스도만 따르는 순종의 사람

하나님께 자신을 낮추고 겸손하게 순종하는 사람은 오직 예수 그리스도만을 따르는 사람입니다. 예수님을 따르지 않으면서 '나는 겸손하다, 나는 순종한다'라고 생각하는 것은 위선이고, 모순입니다. '예수님이 어디로 나를 인도하시든지 나는 주만 따라가나이다.' 그가 자신이 누구인지를 알고 하나님의 은혜 가운데 살아가는 사람입니다. '예수님의 사랑을 알고, 예수님의 은혜를 알고, 오직 주만 따라가겠습니다. 주가 행하신 일을 하고, 주의 복음에 이끌리어 순종하며 오늘을 살겠습니다.'

성도 여러분, 여러분은 이런 단순한 믿음으로 주를 소망하며 살아가십니까? 예수님께서 이 땅에 오시어 전파하신 복음은 오직 하나님 나라의 복음, 천국 복음입니다. 그런고로 천국 백성은 예수 그리스도와 같이 천국 복음의 증인으로 천국의 영광을 상상하며 어린아이와 같은 마음으로, 단순하고 깨끗한 그 마음으로 성경 말씀을 따라 생각하며 오늘을 살아가는 것입니다. 그럴 때 하나님 앞에 겸손한 자로, 순종하는 자로 하나님과 교제하며, 하나님의 뜻을 이루게 됩니다. 성경에 하나님이 우리에게 주시는 말씀이 있습니다. 야고보서 4장 10절입니다. "주 앞에서 낮추라 그리하면 주께서 너희를 높이시리라."

기도 전지전능하신 하나님 아버지, 이 세상 풍조에 휩쓸리어 죄의 권세 아래서 하나님께 불순종하며, 내 뜻대로 되기만을 고집하며 살아가는 미련한 죄인을 예수 그리스도 안에서 우리를 부르시고, 주의 복음을 영접하여 어린아이와 같은 단순한 믿음으로 주를 바라보고 기뻐하며 오늘을 살게 해주심을 진실로 감사드립니다. 하나님께 가까워질수록 돌이켜 어린아이와 같은 마음으로 살아가는 자신을 바라보며, 진실로 천국을 묵상하며, 예수님과 같이 그 복음을 증거하며, 우리 삶 속에서 하나님의 영광이 나타나며, 하나님의 역사가 증거될 수 있도록 우리와 함께하여 주시옵소서. 하나님 앞에서 겸손한 자로, 순종하는 자로 하나님과 가까이하며, 교제하여 새로운 존재로, 거듭난 존재로, 어린아이와 같은 존재로 하나님 앞에 살아가는 승리의 삶이 있도록 함께하여 주시옵소서. 우리 주 예수 그리스도의 이름으로 간절히 기도드리옵나이다. 아멘.

04

•

하나님의 나라에
합당치 않은 자

•

길 가실 때에 어떤 사람이 여짜오되 어디로 가시든지 나는 따르리이다 예수께서
이르시되 여우도 굴이 있고 공중의 새도 집이 있으되 인자는 머리 둘 곳이 없도다
하시고 또 다른 사람에게 나를 따르라 하시니 그가 이르되 나로 먼저 가서 내 아
버지를 장사하게 허락하옵소서 이르시되 죽은 자들로 자기의 죽은 자들을 장사
하게 하고 너는 가서 하나님의 나라를 전파하라 하시고 또 다른 사람이 이르되 주
여 내가 주를 따르겠나이다마는 나로 먼저 내 가족을 작별하게 허락하소서 예수
께서 이르시되 손에 쟁기를 잡고 뒤를 돌아보는 자는 하나님의 나라에 합당하지
아니하니라 하시니라

— 누가복음 9:57-62

04

하나님의 나라에 합당치 않은 자

미국에서 사역하는 카일 아이들먼 목사님의 『팬인가, 제자인가』(not a fan)라는 책이 있습니다. 이 책에서 팬과 제자를 구분하는 데 있어 대부분의 사람들이 각자의 주관적 기준을 가지고 있는데, 이것은 아주 잘못된 정의임을 일깨워줍니다. 사람들이 각자 내세우는 팬과 제자에 대한 정의는 다음과 같다고 설명하는데, 함께 생각해 보시기 바랍니다.

첫째, 남과의 비교를 통해서 스스로 제자라고 착각하는 것입니다. 이 사람들은 다 제자가 아니라 팬이라고 생각하시면 됩니다. 왜냐하면 사람들은 자신을 남과 비교할 때 대부분 자기보다 못한 사람과 비교하게 되어 있습니다. 여기에 문제가 있지 않습니까? 더욱이 예수님과의 관계를 사람들과 비교하면서 옳으니 그르니 따지는 게 얼마나 모순입니까?

둘째, 종교적 법과 의식을 잘 지키기 때문에 제자라고 착각하는 것입니다. 이것이 팬들이 사용하는 기준이라고 합니다. 매주 빠짐없이 교회에 나가고, 기도하고, 헌금하고, 복음을 전하고, 항상 기독교 방송을 듣는다고 예수님의 제자가 아닙니다. 그것은 행위의 기준일 뿐입니다. 본질이 아닙니다.

셋째, 교파와 가문과 성경 지식을 들먹이며 제자라고 착각하는 것입니다. 중요한 것은 예수님이 제시하시는 기준에 따라 분별하는 것이지, 다른 것으로는 안 됩니다. 예수님께서 말씀하시는 기준이 무엇인가를 분명히 아는 것이 먼저입니다. 그런 후에야 내가 진정 하나님의 사람인지 또 예수님의 제자인지 판단할 수 있습니다.

그리스도인은 그리스도께 속한 사람

이런 재미있는 이야기가 있습니다. 사람 셋과 개 한 마리가 달리기 시합을 했습니다. 한 사람은 개보다 빨리 도착점에 들어왔고, 또 한 사람은 개와 함께 나란히 들어왔고, 또 한 사람은 개보다 늦게 들어왔습니다. 시상식에서 사회자가 이렇게 호명

합니다. "개보다 못한 분, 개와 같은 분, 개보다 빨리 뛴 분, 나오세요!" 개를 기준으로 하면 이런 판단을 갖게 됩니다.

성도 여러분, 세상에 속한 사람은 세상의 법과 기준 아래에서 살아갑니다. 그것이 합리적이요 마땅합니다. 그러나 하나님 나라의 백성 된 자는, 정말 믿는다면 하나님 나라의 기준과 법에 의해서 오늘을 살아가는 것이 마땅합니다. 하나님과 하나님의 뜻에 순종하지 않고 '나는 하나님의 사람이다!'라고 말할 수는 없습니다. 요한복음 3장 6절에서 예수님이 하나님 나라를 말씀하시면서 귀한 지혜를 선포하십니다. "육으로 난 것은 육이요 영으로 난 것은 영이니." 육으로 난 자, 즉 세상에 속한 사람은 육신의 생각을 따라서, 세상의 방식을 따라서 살아가지만, 영으로 다시 태어난 사람은 영적 진리에 의해서 살아갑니다. 이것은 확연히 다릅니다. 그래서 영적인 사람은 거듭난 자요, 거듭난 자만이 천국에 들어갈 수 있다고 명확하게 선포하고 계십니다. 다른 기준으로는 안 됩니다.

성도 여러분, 그리스도인이란 누구입니까? 어떤 답을 갖고 살아가십니까? 오늘날 많은 사람이 너무나 잘못된 기준을 갖고 있습니다. 이것이 나의 신앙생활도 망칩니다. 성경으로 돌아와 보면 그리스도인이라는 호칭이 처음 나타난 곳이 사도행전입니다. 그 말씀에 따르면 그리스도인은 '그리스도께 속한 자'입니다. 이 세상에 살지만 세상에 속하지 않고 그리스도께 속한 자요, 그리스도를 따라가는 사람입니다. 그들을 그리스도인이라고 불렀습니다.

그러나 오늘날은 그리스도인이 누구인지에 대해 교회 다니는 사람, 매주 예배드리는 사람, 봉사하는 사람, 찬양하는 사람, 선교 봉사하는 사람, 헌금 내는 사람으로 생각합니다. 하지만 이것은 경건에 유익이 될지는 모르지만, 본질은 아닙니다. 하나님께서 만드신 정의와 기준이 아니라, 사람들이 만든 것입니다. 우리가 만들고, 아무리 좋은 것이라 하더라도 그것이 때로는 하나님의 기준을 무너뜨릴 수 있습니다. 그러면서도 뭐가 잘못되었는지도 모르는 경우가 참 많습니다.

특별히 내가 기준이 되면 절대로 안 됩니다. 그런 부류의 사람들을 '명목상 그리스도인'이라고 합니다. 겉으로 들어나는 무늬만 그리스도인입니다. 결국은 예수님께 인정받아야 되는 것 아닙니까? 예수님의 사람이요, 예수님의 제자라고 하면 예수님께서 인정해 주셔야 합니다. 만일 예수님이 인정해 주시지 않으면 아무리 "주여! 주여!"라고 외치고 내가 하나님의 일을 했고, 선행을 했어도 아무 소용이 없습니다. 예수님께서 인정해 주시고 받아주셔야 됩니다. 누가복음 9장 23절에서 예수님이 말씀하십니다. "아무든지 나를 따라오려거든 자기를 부인하고 날마다 자기 십자가를 지고 나를 따를 것이니라." 깊이 생각해 보시기 바랍니다.

천국 복음을 선포하신 예수 그리스도

오늘 본문은 참으로 충격적인 장면입니다. 신약성경에 있는 예수님의 사건 중에 이렇게 충격적인 장면은 얼마 되지 않습니다. 예수님은 여기에서 도대체 왜 이렇게 단호하게 사람들을 대하시는 것입니까? 성경에 나타난 세 사람들은 예수님을 무시하거나, 조롱하거나, 박해하는 사람들이 아니었습니다. 성경 말씀 그대로 예수님을 따라가겠다고 결심한 사람들입니다. 어떤 사람은 이렇게 말했습니다. "어디로 가시든지 나는 따르리이다"(57절). 그런데 예수님께서 "너는 안 돼!"라고 말씀하셨습니다. 결국 그들은 낙심합니다. 그리고 예수님께 거절당하고 자기 갈 길로 간 사건이 오늘 그대로 기록되어 있습니다.

오늘날과 비교해 보십시오. 오늘날 교회에서 "이렇게 예수님을 따라가겠습니다! 어디로 가시든 따라가겠습니다!"라고 하면 좋은 크리스천이라고 평가받을 것입니다. 그런 사람들을 향해 참으로 훌륭하고 열심 있는 사람이라고 칭찬할 것입니다. 하지만 예수님께는 아닙니다. 예수님의 기준으로는 아닙니다. 오늘날 우리는 수단과 방법을 가리지 않고 교회에 등록을 시키고 교회를 다니게 합니다. 그러면서 말합니다. "하나님의 영광을 위하여, 하나님께 순종하기 위하여." 누구의 기준입니까? 엉뚱한 일을 하고 있는 것입니다. 오히려 망치고 있습니다. 하나님의 기준이 어디에 있는가를 우리는 생각해야 합니다.

그러면 예수님은 왜 이렇게 모질고 단호하게 말씀하시는 것입니까? 중요한 것은 문자가 아닙니다. 성경에 하나님의 진노나 하나님의 심판과 같은 수많은 부정적인 사건들이 나타나는데, 우리는 거기에서 하나님의 말씀을 들어야 됩니다. 하나님은 은혜로우시고 자비로우신 분입니다. 하나님은 사람들을 심판하시고 징계하시는 것을 기뻐하시는 분이 아닙니다. 그것은 단지 하나님의 약속이요, 말씀일 뿐입니다. 그러니 그럴 수밖에 없습니다. 우리는 예수님의 마음을 생각해야 합니다. '예수님께서 왜 이렇게 하실까?' 그 의도 속에 하나님의 복음이 우리에게 나타납니다. 예수님은 이 땅에 오셔서 오직 천국 복음을 선포하셨습니다. 하나님 나라를 가감 없이 선포하셨습니다. '좁은 문으로 들어가기를 힘쓰라. 그래야 하나님 나라에 들어갈 수 있다.' 하나님 나라를 선포하셨습니다. 그런데 이것을 가감해서 넓은 길로 만들면 안 됩니다. 그러면 전체가 망쳐지기 때문입니다.

또한 이 사람들은 잘못된 동기와 이해와 목적을 가지고 주님만을 따라가겠다고 이야기했습니다. 그들은 대단한 열정으로 결단합니다. 그 마음을 예수님은 아셨습니다. 그래서 말씀하십니다. '너희들은 하나님 나라에 합당하지 않다.' 아닌 것을 아니라고 얘기해야 회개하고 천국으로 돌아오지, 대충 맞다고 하면 어떻게 되는 것입니까? 큰일 납니다. 지금 잘못된 생각을 가지고, 잘못된 신앙생활을 하는 자들이 회개하고 하나님께로 돌아오게 하시기 위하여 아주 단호하게 복음을 선포하십니다. 오히려 이런 사건 속에서 우리는 더 큰 하나님의 은혜의 말씀을 들을 수 있습니다.

예수님의 단호한 말씀

오늘 본문에 세 사람이 대표적으로 기록됩니다. 이것은 하나의 계시적인 대표적 사건입니다. 이 세 사람은 하나님의 능력을 목격한 사람들입니다. 예수 그리스도의 이적을 체험했고, 직접 눈으로 본 사람들입니다. 오병이어의 사건을 목격한 사람들입니다. 또한 귀신들려 고통 받는 아이로부터 귀신을 쫓아내는 능력을 목격한 사람들이었고, 더욱이 이들은 예수님으로부터 직접 하나님의 말씀을 들은 사람들입니다. 생명의 말씀, 그 권세 있는 말씀을 직접 들었습니다. 이제 그들은 마음이 요동칩니다.

큰 충격을 받았습니다. 이 젊은 사람이 엄청난 능력과 권세 있는 말씀을 선포한 것을 체험했습니다.

그러니 어떻게 놀라지 않을 수 있겠습니까? 그리고 예수님께 굉장한 매력을 느꼈을 것입니다. '아, 이 사람이다! 이 사람이 시대를 변화시키고, 우리의 소원을 들어주고, 정말 정의로운 사회를 구현할 분이다!' 이렇게 생각했습니다. 그들의 태도나 결심이 너무나 좋습니다. 그런데 예수님이 보시기에는 팬입니다. 크게 열광은 하지만, 제자가 아니라 팬에 불과합니다.

왜 그렇습니까? 복음에 대해서 무지했기 때문입니다. 특별히 예수님이 전파하신 하나님 나라의 복음에 대해서는 아예 무지한 사람들입니다. 그래서 예수님께서 단호하게 말씀하셨습니다. 그들을 깨우치기 위해서요. 이것이 예수님의 은혜요, 사랑입니다. 그들을 하나님께로 돌아오게 하시기 위하여 단호하게 말씀하십니다.

하나님 나라 바깥에 있는 사람

첫 번째 사람은 예수님께 말씀드립니다. "어디로 가시든지 나는 따르리이다"(57절). 대단한 결심이요, 열심입니다. 오늘날 보십시오. 교회에 나와서 '어디로 가시든지 주만을 따르겠나이다'라고 하면, 크게 칭찬 받을 만한 크리스천입니다. 많은 사람들에게 모범 케이스로 소개할 만합니다. 특별히 이렇게 '주만 따르겠습니다!'라고 하는 사람이 성공한 사람이요, 권력이 있고, 부자고, 유명인이라면 어떻게 되겠습니까? 난리가 날 것입니다. 이런 사람이 우리 교회에 왔다고 칭찬하겠지요 또 직분도 줄 거예요. 왜냐하면 그래야 그 사람을 보고 많은 사람이 우리 교회에 올 테니까요. 그런데 예수님의 기준은 어떻습니까? 그런 것이 아닙니다. 한마디로 '너는 필요하지 않아!'입니다. '너는 하나님 나라에 합당하지 않아.' 지금 이렇게 말씀하고 계십니다. 기준은 항상 복음적이어야 합니다. '예수님은 어떻게 생각하실까?' 이것이 중요하지, 들떠서 우리 생각대로 하는 것이 오히려 더 망치는 것입니다.

이들은 지금 예수님과 하나님 나라에 대한 이해가 없습니다. 단지 내가 보고 싶은 것만 봅니다. 세상을 변화시키고, 개선하고, 개혁하고, 우리의 소원을 들어주시는 예수님과 능력의 예수님만을 봅니다. 그러나 예수님께서는 말씀하십니다. "아니, 너희는 아직 하나님 나라 바깥에 있다. 하나님 나라에 합당치 않다." 왜냐하면 예수님의 마음의 기준은 복음이었기 때문입니다. 그래서 예수님께서 그에게 이렇게 대답하십니다. "여우도 굴이 있고 공중의 새도 집이 있으되 인자는 머리 둘 곳이 없도다"(58절).

인자이신 예수 그리스도

여기서 "인자는"이 핵심입니다. '그래, 너희들이 나를 보고 능력의 주님, 오직 주님이라고 말하지만, 정말 네가 나를 아느냐? 인자인 나를 아느냐?' 이렇게 물으십니다. 또한 예수님께서 말씀하십니다. "인자는 머리 둘 곳이 없도다." 성경의 맥락에서 보면 이 말씀 전에도 이미 말씀하셨습니다. '인자'는 십자가를 지신 예수님을 말합니다. 예수님에 대한 여러 호칭이 있지만, 그 가운데 최상의 계시는 '인자'입니다. 십자가에 달리신 예수가 '인자'인 예수 그리스도이십니다. 또한 하나님 나라 우편에 앉아 계셔서 통치하시고, 우리를 위해 간구하시는 분이 인자이십니다.

그리고 최후의 심판 날, 그 재림 때 심판주로 오시는 예수님, 그분이 인자이십니다. 사랑의 하나님, 은혜의 하나님, 좋으신 하나님을 넘어서 최종 계시, 하나님으로서의 예수가 인자시라는 말입니다. 그래서 그 인자는 이 땅에 오셔서 하나님 나라를 선포하십니다. '나는 왕이니라.' 다시 말해서, 지금 예수 그리스도 안에서 새로운 창조적 역사를 일으키시는 그 인자를 말씀하

십니다. 이 세상의 연장이 아닌, 초월적인 새로운 역사를 일으
키신 인자, 그것이 하나님의 뜻이요, 그것이 하나님 나라임을
선포하신 인자이십니다.

그런데 이들은 인자가 누구인지도 모릅니다. 지금 인자가 십
자가를 지러 가시는데, 십자가가 무엇인지도 모릅니다. 십자가
를 통해서 하나님 나라를 이루고자 하시는데, 하나님 나라는 더
욱더 모릅니다. 단지 너무나 매력 있고 능력 있는 분이셔서 주
관적인 기준으로 나는 어디를 가든지 예수님을 따르겠다고 한
것입니다. 그런데 예수님은 우리와 같지 않으십니다. "하나님의
나라에 합당하지 아니하니라"(62절). 이렇게 말씀하셨고, 이 말
씀을 들은 그는 낙심하고 돌아가게 됩니다.

성경에 보면 예수님의 제자인 베드로를 볼 수 있습니다. 예수
님께서 이제 십자가를 지러 가십니다. "다들 부인하고 떠날 것
이다." 이렇게 말씀하시자 그는 말합니다. "나만은 아닙니다.
죽을지언정 예수님을 따라가겠나이다." 그런데 그 다짐이 하루
를 못 갑니다. 바로 그 열정을 말합니다. 그런데 그런 사람은 하
나님 나라에 필요하지 않다고, 예수님께 필요하지 않다고, 하나
님 나라에 합당하지 않다고 깨우쳐주십니다.

우선순위가 잘못된 사람

두 번째 사람은 우선순위가 잘못되었습니다. 예수님께서 나를 따르라고 하셨지만, 그는 말합니다. "내 아버지를 장사하게 허락하옵소서"(59절). 그는 지금 예수님의 말씀과 하나님 나라 복음에 대한 긴급성을 알지 못하고 있습니다. 그래서 주저하고 있고 전적으로 순종하지 못합니다. 헌신하지 못합니다. 그러니까 나를 따르라는 말씀에 이렇게 대답합니다. "네, 따르겠습니다마는 나중에 따르겠습니다. 지금 제게 중요한 일이 있거든요. 예수님, 우리 부모를 장사하는 것보다 더 중요한 일이 어디 있겠습니까?"

그는 아마 구약성경을 놓고 말했을지도 모릅니다. "구약성경에서도 보면 하나님께서 부모를 장사하는 것을 매우 중요한 일로 정해 놓으셨습니다. 그러니까 제가 중요한 일이 많습니다. 지금 굉장히 바쁩니다. 이것들을 다 해결하고, 그리고 예수님을 따라가겠습니다." 이성적으로는 맞습니다. 율법적으로는 맞습니다. 그러나 하나님 나라의 법에는 맞지 않습니다. 우선순위를 하나님 나라와는 비교할 수가 없습니다. 그래서 예수님이 말씀하시지 않습니까? "야, 그러지 말고 하나님 나라나 전파해라!"

오늘 본문 60절에서 예수님이 말씀하십니다. "죽은 자들로 자기의 죽은 자들을 장사하게 하고 너는 가서 하나님 나라를 전파하라." 하나님 나라가 가장 우선순위로 긴급하다는 것을 말씀하고 계십니다. 그런 의식이 없는 사람은 하나님 나라를 들어도 듣는 둥 마는 둥입니다. 그런 자는 하나님 나라에 합당치 않다는 것을 말씀하십니다. 더 오묘한 말씀은 이것입니다. "죽은 자들로 자기의 죽은 자들을 장사하게 하고"(60절). 그는 지금 살아 있는 사람인데, 이것이 무슨 말입니까? 하나님 나라에 들어가지 못한 사람은 영생을 갖지 못한 사람이니, 결국은 살았어도 죽은 자와 같습니다. 어차피 소멸할 인생이자, 하나님의 심판 아래에 있는 것입니다. 그래서 말씀하십니다. '죽은 자들로 죽은 자를 장사하게 하라.'

그러나 하나님 나라의 영생을 가진 자는 이미 하나님 나라의 백성이 되었습니다. 그는 얼마나 하나님 나라가 귀중한가를 압니다. 그래서 말씀하십니다. '살아 있는 너는, 영생을 가졌다면, 가서 하나님 나라를 전파하라.' 결국 이 사람도 하나님 나라에 대해서 무지했습니다. 그래서 이 말씀의 메시지를 알지 못합니다. '너희는 먼저 그의 나라와 그의 의를 구하라.' 이 말씀의 의미를 알지 못한 채 낙심하고 예수님께로부터 멀어져갑니다.

두 마음을 가진 사람

세 번째 사람은 두 마음을 갖고 있습니다. 한 가지 일에 집중할 수 없습니다. 그는 결국 예수님께 순종하지 못합니다. 그리고 이렇게 말합니다. "주여 내가 주를 따르겠나이다마는 나로 먼저 내 가족을 작별하게 허락하소서"(61절). 상당히 이성적이고 합리적인 생각이요 요구입니다. 먼저 그렇게 작별인사를 하고 일을 해도 되지 않습니까? 그러나 예수님께서 말씀하십니다. "손에 쟁기를 잡고 뒤를 돌아보는 자는 하나님의 나라에 합당하지 아니하니라"(62절). 아주 강한 말씀입니다. 두 마음을 갖고는 하나님 나라에 들어갈 수 없기 때문입니다.

누가복음 17장에 보면 예수님께서 천국 복음을 말씀하시면서 이렇게 이르십니다. "롯의 처를 기억하라"(32절). 잘 아시는 대로 소돔과 고모라에 하나님의 심판이 임할 때 하나님의 은혜로 롯과 그 가족이 구원을 받습니다. 심판을 모면합니다. 그때 하나님께서 단 하나를 말씀하십니다. '도시를 떠나라. 뒤를 돌아보지 말고 떠나라.' 그런데 롯의 처는 뒤를 돌아봅니다. 과거를 생각합니다. 그곳에 내 재산이 있고, 내 영광이 있고, 많은 역사가 있는 것을 생각합니다. 그 인생을 돌아보다가 두 마음을 갖고 불순종해서 구원받지 못하는 엄청난 사건이 성경에 기록되어 있습니다. 그래서 예수님께서 그걸 말씀하십니다. "롯의 처를 기억하라."

지금 이 사람이 그런 사람에 해당합니다. 오직 한 마음으로 믿어야 순종할 수 있는데, 마음이 두 마음입니다. 그렇기에 옛사람의 본성과 새사람의 본성이 맞물립니다. 그러다 결국 하나님께 순종하지 못합니다. 성도 여러분, 하나님과 재물을 겸하여 다 가질 수 없습니다. 하나님 나라와 세상도 서로 함께할 수 없습니다. 하나님의 뜻과 나의 뜻이 동시에 이루어질 수 없습니다. 옛사람과 새사람이 함께 살아갈 수 없습니다. 예수님께서 말씀하십니다. '오직 하나님 나라, 오직 한 마음으로 그 나라를 믿음으로 받아들여라.'

무엇과도 비교할 수 없는 최상의 선물, 하나님 나라

성도 여러분, 하나님 나라는 최상의 선물입니다. 무엇과도 비교하지 마십시오. 비교하는 사람은 그 가치를 몰라서 비교합니다. 하나님 나라는 이 세상 모든 것과 비교할 수 없는 하나님의 최고의 선물입니다. 이 세상의 어떤 부귀와 영광, 건강과 명예, 권력, 성공 등 그 어떤 것과도 비교할 수 없습니다. 그것을 알았다는 것이 하나님 나라 백성의 시작입니다. 그 놀라운 천국을 우리에게 선물로 주셨습니다. 하나님 나라에 들어갈 자격은 어느 누구에게도 없습니다. 세상의 어떤 훌륭한 사람도, 인간의 기준으로 아무리 존경을 받아도, 역사에 남는 영웅이라 하더라도 천국에 못 들어갑니다. 하나님의 기준에는 미달입니다. 하나님의 기준은 오직 '십자가의 은혜' 뿐입니다.

이것이 하나님께서 정하신 하나님의 방식입니다. 그래서 예수님께서 이 땅에 오셔서 십자가에 죽으셨습니다. 그리고 그분이 선포하신 천국 복음을 듣고 믿음으로 천국에 들어가는 것입니다. 이 믿음은 한 마음입니다. 이제부터는 이 한 마음으로 살아가는 것입니다. 두 마음은 의심이요, 세속적인 신앙입니다. 한 마음을 거절하는 것은 아예 불신앙입니다. 두 마음을 품는 것은 하나님 나라 밖에 있는 것입니다. 잘 살펴보면 불신앙이나 두 마음이나 똑같습니다. 하나님 나라 안에 있는 자는 한 마음으로, 믿음으로 그 약속을 소망하며 오늘을 살아가게 됩니다.

얼마 전에 빌리 그레이엄 목사님이 99세로 하나님 나라에 가셨습니다. 그는 세계적인 부흥강사로 많은 하나님 나라의 일을 하셨는데, 이분이 돌아가시기 전 노년에 한 기자가 물었습니다. "목사님, 인생을 오래 사시면서 많은 일을 하셨는데, 인생에서 가장 놀라운 일이 무엇입니까?" 다들 나름대로의 답변을 기대했겠지만, 빌리 그레이엄 목사님은 잠시 생각한 후에 준비된 명언을 남기셨습니다. "인생은 짧습니다." 인생이 짧다는 그것이 가장 놀랍다는 것입니다.

여러분, 정말 그렇지 않습니까? 얼마를 사셨든 지나간 세월을 보십시오. 어찌 이렇게 빨리 지나갈 수가 있습니까? 누구에게 물어도 인생은 정말 짧습니다. 이 말은 곧 세상이 짧다는 것입니다. 그러나 하나님의 나라는 영원합니다. 그러므로 이 짧은 인생, 단 한 번의 기회가 주어질 때, 내게 복음이 들릴 때 믿음으로 영접해야 합니다. 우리는 이 세상 속에 살지만, 하나님 나라에 합당한 자로 오늘을 살아가야 합니다.

이제 생각해 보십시오. 나는 하나님의 기준으로, 하나님 나라에 합당한 사람입니까? 나는 하나님의 기준으로 예수님께 순종하며 예수님을 따라가는 사람입니까? 나는 그 기준을 명확하게 알고 오늘을 살아가고 있습니까? 이를 위해서는 하나님의 복음에 대한 명백한 이해가 선행되어야 합니다. 예수님이 진정 누구시며 무슨 일을 하셨는지 그리고 하나님 나라가 무엇이며, 어떻게 이루어져 가는지를 성경을 통해서 명확하게 알며 오늘을 살아가야 합니다. 그럴 때 오직 믿음으로 복음을 생각하고, 기뻐하며, 오늘을 살아갈 수 있습니다. 오직 한 마음입니다. 그 한 마음으로 천국을 소망할 때에 성령께서 주와 동행하는 은총을 누리게 하시며, 은혜와 평강을 체험하며, 권세 있는 삶을 살도록 인도하실 것입니다.

전지전능하신 하나님 아버지, 아무 공로도 자격도 없는 죄인을 오직 예수 그리스도의 십자가의 복음, 천국 복음을 듣고 믿음으로 하나님 나라의 자녀 되게 하시고, 이 놀라운 일을 기쁘하게 하시며, 천국의 증인으로 오늘을 살게 해주심을 진심으로 감사드립니다. 그러나 세상 속에 살며, 부지불식간에 두 마음으로 변하고, 하나님의 뜻에 내 뜻을 더하며, 하나님 나라에 세상을 더하여 세속적인 삶을 살아가며, 원망과 불평과 회의와 염려와 절망 속에 살아가는 죄인을 불쌍히 여겨주옵소서. 성령이시여, 우리의 마음을 변화시키시고, 복음적 생각으로 충만하게 하사, 오직 한 마음으로 천국만을 소망하며, 하나님 나라에 합당한 자로 이 시대의 승리하는 삶을 살아갈 수 있도록 우리와 함께하여 주옵소서. 우리 주 예수 그리스도의 이름으로 간절히 기도드리옵나이다. 아멘.

05

·

어리석은 부자

·

또 비유로 그들에게 말하여 이르시되 한 부자가 그 밭에 소출이 풍성하매 심중에 생각하여 이르되 내가 곡식 쌓아둘 곳이 없으니 어찌할까 하고 또 이르되 내가 이렇게 하리라 내 곳간을 헐고 더 크게 짓고 내 모든 곡식과 물건을 거기 쌓아 두리라 또 내가 내 영혼에게 이르되 영혼아 여러 해 쓸 물건을 많이 쌓아 두었으니 평안히 쉬고 먹고 마시고 즐거워하자 하리라 하되 하나님은 이르시되 어리석은 자여 오늘 밤에 네 영혼을 도로 찾으리니 그러면 네 준비한 것이 누구의 것이 되겠느냐 하셨으니 자기를 위하여 재물을 쌓아 두고 하나님께 대하여 부요하지 못한 자가 이와 같으니라

— 누가복음 12:16-21

05

어리석은 부자

〜◦〜

다이너마이트를 만들어 세계적인 부호가 된 알프레드 노벨의 인생에서 큰 전환점이 되는 사건이 있었습니다. 그가 고국인 스웨덴을 떠나 프랑스로 여행하고 있을 때 벌어진 일입니다. 그는 호텔에서 신문기사를 보고 깜짝 놀랐습니다. 신문 1면에 크게 '알프레드 노벨 사망'이라는 기사가 실렸기 때문입니다. 실제로는 자기 형이 죽은 것인데, 신문사에서 잘못 알고 오보기사를 냈던 것입니다. 그러나 이 오보가 노벨에게는 큰 충격을 주었습니다.

그는 이 일에 대해서 계속 생각하며 자신에게 질문을 던졌습니다. '내가 만약 이대로 죽는다면 이 세상에서의 성공과 명예,

그리고 거대한 부가 도대체 나에게 무슨 도움이 될 것인가?', '이대로 내가 죽는다면 도대체 삶의 의미가 무엇인가?' 그는 그러한 것들이 아무런 도움도 되지 않는다는 것과 함께 죄책감으로 괴로웠습니다. 왜냐하면 자신은 인류의 번영을 위해서 다이너마이트를 만들었지만, 실제로는 전쟁무기로 사용되면서 많은 사람을 죽게 만들었기 때문입니다. 이 사건을 계기로 그는 큰 결심을 하고 자신의 전 재산을 나라에 헌납합니다. 그리고 생긴 것이 노벨상입니다. 비록 잘못된 보도였지만, 그에게는 그 일이 자신의 인생에 있어서 가장 중요한 전환점이 되었습니다.

죽음을 인식함으로 시작되는 새로운 삶

하나님의 사람 찰스 스펄전의 이런 격언이 있습니다. "무덤과 친숙해지는 것이 사리분별이다." 여러분은 어떻게 생각하십니까? 인생에 있어서 가장 중요한 분별력과 지혜는 어디로부터 오는 것입니까? 이것은 책이나 경험에서 얻어지는 것이 아닙니다. 가장 결정적으로 중요한 것은 죽음을 인식함으로부터 생깁니다. '나는 언젠가 죽고, 이 세상을 떠나갈 존재이며, 그날은 아무도 모르고, 그 죽음은 내게 다가오고 있다.' 이것을 인식함으로부터 새로운 인생을 살아가게 됩니다.

오늘날 현대인은 소유 중심의 삶을 삽니다. 이것이 요즘 세상의 풍조입니다. 소유가 자신의 존재가치를 높이며 행복을 결정한다고 믿습니다. 그리고 무의식중에 그렇게 끌려갑니다. 그러나 정말 소유가 나의 존재가치를 높이는 것입니까? 아닙니다. 정말 소유가 나의 행복을 결정하는 것입니까? 전혀 아닙니다. 그런데도 그렇게 속고 살아갑니다. 이것이 잘못된 현대인의 인생관입니다. 그리고 이제 비로소 죽음이라는 인식 속에 인간은 깨닫습니다. '소유와 죽음은 별개구나!' 이것은 서로 별개이지만, 그것을 알지 못한 채 살다가 결국은 보편적인 죽음이라는 사실 앞에서 깨닫습니다. '소유란 것이 참 허무한 것이구나!'

역사의 영웅이라고 불리는 나폴레옹의 유명한 유언이 있습니다. 그는 정치적 혁명으로 인해서 젊은 나이에 사형 선고를 받습니다. 그는 죽기 전에 이렇게 유언을 남깁니다. "나는 내 때가 되기 전에 죽는다. 이제 내 몸은 다시 흙으로 돌아갈 것이다. 세계의 명장이라고 불리던 나 나폴레옹의 운명도 이런 것이었구나. 나의 깊은 비참함과 예수 그리스도의 영원한 왕국 사이에는 너무나도 큰 간격이 있구나!" 그는 살아 있을 때에는 깨닫지 못하다가 죽기 전에야 비로소 깨닫고 결국 절망 중에 죽었습니다.

소유 중심의 인생을 산 사람

바다를 항해하던 배가 큰 풍랑을 만나 파선되어 표류하다가 무인도에 도착했습니다. 사람들은 선장이 준 곡식을 심어 다가오는 추위를 준비하기로 결정을 내리고 이 일을 시행합니다. 그런데 곡식을 심으려고 땅을 파는데 자꾸 금은보화가 나옵니다. 알고 보니 옛날에 어떤 해적들이 숨겨놓은 것이었습니다. 사람들이 미칠 듯이 좋아합니다. 그래서 땅을 더 팝니다. 계속 금은보화가 쌓여갑니다. 그러다 시간이 지나고 추운 겨울이 와서 다 굶어 죽게 되었습니다. 훗날 어떤 배가 상륙해서 그 광경을 발견했습니다. 정말 금은보화가 산더미 같이 쌓여 있는데, 그 옆에는 해골만 있었습니다. 다가오는 미래, 추운 겨울을 준비하지 못한 인생이 이와 같습니다. 이 얼마나 어리석습니까!

오늘 성경 말씀을 통하여 예수님께서는 어리석은 부자를 통하여 누구나 기억하고, 누구나 묵상할 수 있는 비유로 우리에게 하나님의 말씀을 전해 주십니다. 이 비유를 통해서 천국 진리와 고귀한 하나님의 말씀을 우리에게 전해 주십니다. 비유 속에는 많은 소유를 가진 부자가 등장합니다. 16절에 나오는 "그 밭에"라는 말은 헬라어로 '코라'인데, '거대한 땅'을 의미합니다. 그는 거대한 땅을 가진 엄청난 부자였습니다. 그가 어떻게 해서 그런 소유를 가졌는지는 성경에서 이야기하지 않습니다. 중요한 것은 그가 엄청난 부를 가진 사람인데, 그 인생을 예수님께서 이렇게 보시는 것입니다. '소유 중심의 인생을 산 사람이다.'

이 사람이 부정부패를 했다는 것도 아니고, 범죄자라는 것도 아닙니다. 단지 그는 소유에 이끌려서 헛된 인생을 살았습니다. 이 내용 자체를 봐도 이 부자는 자신의 소유로 말미암아 자기 존재가치를 크게 여기고 있는 것 같습니다. 미래의 안정, 미래의 행복을 아주 자신하고 있습니다. '나는 이 소유로 인해서 행복할 것이다.' 그래서 그에 대해서 성경은 이렇게 말씀합니다. "평안히 쉬고 먹고 마시고 즐거워하자 하리라"(19절). 이것이 바로 세상이 말하는 행복입니다. 평안히 쉬고 먹고 마시고 즐거워하는 것이지요. 이것이 인류의 꿈입니다.

그런데 하나님께서 이를 향하여 말씀하십니다. "어리석은 자여." 성경에서 말씀하는 어리석음은 단순히 미련하다는 것이 아닙니다. 이것은 멸망할 악인임을 의미합니다. 대표적으로 시편 14편 1절은 말씀합니다. "어리석은 자는 그 마음에 이르기를 하나님이 없다 하는도다 그들은 부패하고 그 행실이 가증하니 선을 행하는 자가 없도다." 세상에서는 아무리 영웅이고 존경받는 인물이라 하더라도 하나님의 판단에서는 악인으로 멸망할 자라는 것입니다. 왜 이렇게 말씀하시는 것입니까? 무엇을 근거로 말씀하시는 것입니까? 우리는 오늘 본문과 성경 전체를 보면 이를 명백히 알 수 있습니다.

그 마음에 하나님이 없는 사람

먼저는 그 마음에 하나님이 없기 때문입니다. 하나님의 말씀도 없습니다. 창조주를 인정하지 않는 피조물은 멸망해도 마땅합니다. 하나님이 그 마음의 중심에 있어야 되는데, 하나님의 형상을 잃어서 하나님이 안 계시니까 대신 다른 것이 자리 잡습니다. 이것은 흔히 일어날 수 있는 보편적인 일입니다. 나 자신이 주인이 됩니다.

예수님이 말씀하신 이 짧은 이야기 속에 '나', '나의'라는 표현이 열한 번이나 나옵니다. 모든 것이 나 중심의 삶이고, 자기 유익을 좇으며 자기 행복을 누리는 것입니다. '평안히 먹고 마시고 즐거워하자.' 이래서 어리석은 자입니다. 그 마음에 하나님이 없고, 이웃이 없습니다. 그러한 자를 하나님께서는 악한 자라고 칭하십니다. 그러다보니 나 중심의 세계관 속에는 탐심이 가득 차 있게 됩니다. 소유에 대한 탐심으로 충만해 있습니다. 이 세상에서는 탐심이 많다고 감옥에 가지 않습니다. 범죄랑 연결되지 않는 한 그를 비난할 사람도 없습니다. 그러나 탐심은 무서운 죄입니다. 그리스도인만이 아는 회개할 죄악입니다.

성경으로 보면 탐심이 무엇입니까? 탐심의 정의를 어떻게 내립니까? 탐심이란 이웃 사랑의 정반대입니다. 이웃에 대한 관심이 없고, 이웃에 대한 긍휼이 없고, 이웃을 사랑하지 않을수록 탐심이 커져갑니다. 자아성취도 무서운 죄입니다. 이웃을 위하거나 하나님을 위하는 것이 없고, 오직 자신밖에 없습니다. 그 속에는 은밀한 죄가 있습니다. 바로 탐심이 그 안에 있습니다. 그러나 십계명은 말씀합니다. '네 이웃의 집을 탐내지 말라.' 탐심은 살인이나 도적질에 해당하는 죄입니다. 그러므로 우리는 우리 안의 탐심을 항상 회개해야 합니다.

성경에서 하나님께서는 이렇게 질문하십니다. "그것이 네 것이냐, 내 것이냐?" "하나님의 것이냐, 네 것이냐?" 예수 믿기 전에는 내 것입니다. 그러나 예수 믿고 구원받아 보니 모든 것이 하나님의 것이요, 하나님의 창조물임을 알게 됩니다. 내 소유라는 것은 그 창조물 속에 나타난 조그만 결실뿐입니다. 하나님의 창조가 없었다면 그 소유는 없는 것이기에 모든 것이 다 하나님의 것입니다. 이것을 회심이라고 부릅니다. 여기로부터 중생의 삶이 나타납니다. 말로서만 아니라, 삶 속에서 가장 중요한 소유관이 뒤바뀝니다. 더 이상 내 것이 아니라 하나님의 것이 됩니다. 그러나 이 사람은 아닙니다. "이건 내 것이야." 내 행복을 위하고, 내 미래를 위한 내 것이라고 생각하는 것이 악한 것이고, 어리석은 것입니다.

소유관이 바뀐 천국 백성

역사적으로 영웅으로 알려진 알렉산더, 그의 마지막이 우리모두에게 큰 교훈을 줍니다. 그는 세계에서 가장 큰 권력과 부와 명예를 쥔 사람이었습니다. 그는 젊은 나이에 죽음을 인식하고 이렇게 유언을 남깁니다. "내 손을 관 밖으로 내놓아라. 모든 사람이 빈손으로 가는 인생을 알게 하라. 그 많은 권력과 소유가 아무 소용이 없음을 저절로 깨닫게 하라."

성도 여러분, 그리스도인이 되고 천국 백성이 되었다는 것은 소유관이 바뀌는 것을 의미합니다. 그래서 '청지기의 삶'이라고 하지 않습니까? 내 생명, 내 소유, 내 재물, 그 모든 것이 하나님께서 내게 주신 것입니다. 그래서 이웃을 위해서, 하나님의 일을 위해서 내게 맡겨진 삶임을 고백하고 기뻐하며 오늘을 살아가야 합니다. 아무리 열심히 봉사하고, 기도하고, 이웃을 도와도 지갑의 회심이 없고, 소유관이 바뀌지 않는다면 아무것도 아닙니다.

이 사람은 철저하게 나의 소유관 속에서 인생을 살았습니다.

그래서 어리석은 자입니다. 그리고 가장 결정적인 것은 영혼의 가치와 중요성을 알지 못한다는 것입니다. 말로는 내 영혼이라고 하지만, 이것은 추상적인 것이고, 그에게 가장 중요한 것은 먹고 마시고 즐거워하는 육체뿐입니다. 한번 생각해 보십시오. 소유나 돈은 결국 몸을 편안하게 합니다. 먹고 마시고 입는 것 외에 다른 역할을 별로 하지 못합니다. 결정적으로 소유가 많을수록 영혼은 방치됩니다. 자꾸 이웃의 평판만 생각하고, 육체만을 생각하게 됩니다. 인간 존재의 중심인 영혼을 등한시하면서도 그것을 알지 못합니다.

성도 여러분, 이러한 상태의 사람들이 바로 세상의 사람입니다. 구원받지 못한 인간들의 삶이 이와 같다는 것을 이 비유를 통해서 말씀해 주십니다. 다시 말해서 내가 구원받지 못했을 때, 하나님의 자녀 되지 못했을 때에는 이와 같은 삶을 살았지만, 이제는 주의 복음을 듣고 믿음으로 알고 깨달았습니다. 그리고 변화됩니다. 이 사람에게 하나님께서 이렇게 말씀하십니다. "하나님은 이르시되 어리석은 자여 오늘 밤에 네 영혼을 도로 찾으리니 그러면 네 준비한 것이 누구의 것이 되겠느냐"(20절). 하나님의 말씀이 들릴 때, 그 말씀이 믿어질 때 우리는 새로워집니다. 오직 말씀으로 인해서 그 생명이 다시 살게 됩니다. 그래서 주의 말씀은 생명이요, 그리스도인은 말씀으로 사는 인생입니다.

영혼의 안식으로서의 죽음

특별히 하나님께서는 한 가지 중요한 주제를 던져주십니다. 바로 죽음을 인식하게 하시는 것입니다. 죽음을 인식하는 그 순간 부끄러움을 깨닫게 됩니다. 모든 인간은 하나님께서 이 죽음을 통하여 말씀을 주시기에 이걸 깨닫고 죽습니다. 이 말씀 안에서 그는 육체가 아닌 영혼의 중요성과 그 가치를 깨닫게 됩니다. 인간은 영혼의 중요성을 모르면 허탄한 인생을 살아갈 수밖에 없습니다. 우리가 원하고 자랑하는 소유는 영혼을 빛나게 하고, 날마다 새롭게 하는 데에는 전혀 도움이 안 됩니다. 오히려 많으면 많을수록 영혼이 죽어갑니다. 영혼이 빛과 같이 충만해서 모든 소유를 감당할 수 있을 때에는 많은 재물이 복일 수 있지만, 만일 그렇지 못하면 화가 됩니다. 영혼은 우리의 지정의(知情意)를 새롭게 하는 역할을 합니다. 그래서 영혼이 죽으면 지정의가 날마다 타락할 수밖에 없습니다.

성도 여러분, 영혼의 안식은 바로 죽음입니다. 이것이 성경의 선언입니다. 육체는 죽어서 슬프지만, 사실 영혼은 날개를 다는 것입니다. 우리가 그리스도인이 되어서 하나님과 교제하는 영혼의 의지와 뜻대로 몸이 따라가야 되는데, 안 따라오지 않습니까? 그렇기 때문에 그 육체가 썩어서 죽었을 때에야 비로소 영혼이 자유로워집니다. 그 영혼이 안식하게 됩니다. 예수님께서 그것을 말씀해 주십니다. 예수님께서 십자가에 돌아가실 때 한마디 하십니다. 간절히 하나님께 기도하십니다. "아버지여, 아버지여, 내 영혼을 아버지 손에 부탁하나이다." 육신은 죽습니다. 어차피 썩을 것입니다. 중요한 것은 영혼입니다. 영혼이 소중합니다. 그것이 예수님의 인생이요, 예수님께서 우리에게 주신 복음입니다. 그 영혼은 하나님께 가고, 영원한 안식에 들어갑니다. 정말 우리의 원대로 날마다 찬양하며, 아버지와 함께하는 삶을 살아가는 그것이 죽음입니다.

십자가에 달린 강도에게 예수님께서 말씀하십니다. "네가 오늘 나와 함께 낙원에 있으리라." 소중히 여겼던 육신은 죽어 없어집니다. 그러면 무엇이 예수님과 함께 낙원에 가 있는 것입니까? 바로 영혼입니다. 영혼이 영원한 생명에 거하게 됩니다. 예수님이 재림하실 때에, 그 최후의 심판 때에 우리의 육신이 예수님의 부활하신 몸과 같이 부활할 것입니다. 그러나 그 전에는 우리의 영혼이 안식에 들어갑니다. 이를 알고 오늘의 삶에서 그리스도인은 영혼의 중요성을 인지하며 살게 됩니다. 이것은 죽음을 인식함으로 명백해집니다. 예수님께서 이 땅에 오신 구원의 목적이 바로 이것입니다. 하나님의 말씀을 통해서, 천국 진리를 통해서 오늘 인류의 상태를 깨닫게 하십니다. 얼마나 어리석은 자인가를, 하나님 앞에 얼마나 미련한 자인가를 깨닫게 해주십니다. 우리가 그걸 깨닫고 회개하면 예수님께서 우리의 영혼을 치유해 주십니다. 그러면 우리의 영혼이 살아나고, 날마다 소생하게 됩니다. 그 영혼은 오직 주의 복음, 주의 말씀을 먹음으로 믿음 안에서 새로워집니다. 그래서 우리가 기도하고, 하나님의 일에 힘쓰고, 하나님의 은혜를 구하고, 예배드리는 것입니다.

살아서나 죽어서나 하나님과 하나 되는 것

하나님의 사람 사도 바울의 역사적인 전환점인 다메섹 사건을 다시 한 번 기억해 보시기 바랍니다. 그는 하나님의 이름으로 하나님의 교회를 핍박하고, 그리스도인을 잡아 죽이려고 다메섹으로 갔습니다. 그런데 정말 하나님의 은혜로 부활하신 예수 그리스도께서 그에게 나타나셨습니다. 죽어 마땅한 인간인데, 하나님의 은혜로 그를 깨우쳐주십니다. 부활하신 예수 그리스도가 그 앞에 나타나신 사건은 은혜 중의 은혜입니다. 그 순간 그는 모든 것이 바뀌었습니다. '예수님의 십자가와 부활이 이런 것이었구나! 이런 영원한 세계가 있었구나! 추상적인 게 아니라, 이게 실제로 있구나!' 이렇게 깨달으며 그는 영적인 눈을 뜨게 됩니다. 죽었던 영혼이 깨어납니다. 그 영혼이 예수 그리스도를 주라고 고백하며, 하나님과 교제하며 새로운 세계를 보게 됩니다. '보이는 것이 다가 아니라, 더 넓은 보이지 않는 세계가 있구나! 신령한 세계가 있구나!' 죽음을 인식함으로 죽음 이후의 세계에 대한 확신을 갖고 삽니다. 그리고 천국 복음의 증인으로 순교하게 됩니다.

성도 여러분, 에덴낙원이 바로 그런 곳입니다. 그리스도인은 영혼 중심의 삶을 살며, 그 영혼이 영원한 안식에 가는 것을 확신하고, 세상에 그 메시지를 전하며, 사랑하는 가족에게 그 유산을 남기는 것입니다. 자기 영혼의 가치와 중요성을 날마다 확신하며 죽음을 인식하는 곳, 그리고 그에 대한 신앙고백과 메시지가 나타나는 곳이 바로 에덴낙원입니다.

한 해를 보내면서 다시 한 번 생각해 보십시오. 예수 믿는다는 것이 무엇입니까? 구원이라는 것이 무엇입니까? 천국 백성 되는 것이 무엇을 의미합니까? 딱 하나입니다. 내 영혼이 살아서 그리스도와 하나 되는 것입니다. 이전에는 이런 저런 것이 다 중요했으나, 나이를 먹고 좀 더 성숙해지고 더 믿음의 눈으로 보니까 그리스도의 세계로 빠져 들어가는 것입니다. 점점 깊이 그리스도와 함께 교제하며 정말 그리스도가 내게 구주가 되십니다. 고백이 아니라 사건으로, 말이 아니라 체험으로 예수님이 나의 구주가 되십니다. 그래서 우리 주변의 믿지 않는 영혼을 불쌍히 여기며 복음을 전합니다. 그 사람이 듣든지 안 듣든지 복음을 증거합니다.

거듭난 그리스도인은 더 이상 세상 중심, 자기 중심, 소유 중심의 삶을 살지 않습니다. 왜냐하면 가치가 없기 때문입니다. 그리하여 이제는 죽음 후에 있는 하나님 나라를 바라보며, 이 세상 속에서 하나님 중심, 복음 중심, 천국 중심, 영혼 중심의 삶을 살아갑니다. 이 삶을 통해서 내 삶이 새로워집니다. 하나님의 영광을 나타내고, 하나님께 더 가까이 가는 삶을 확증하게 되며, 우리 주변을 향하여 복음의 증인으로 위대한 인생을 펼치게 됩니다.

성도 여러분, 하나님의 사람 무디 목사님이 스스로 쓴 묘비명을 들어보시기 바랍니다. "여러분은 어느 날 무디가 죽었다는 것을 신문에서 보게 될 것입니다. 그러나 여러분은 그 말을 하나도 믿지 마십시오. 그 순간 나는 지금보다 더욱더 생생한 모습으로 살아 있을 것이기 때문입니다."

기
도

전지전능하신 은혜의 하나님, 우리 마음 중심에 하나님 없는 인생을 살며, 하나님 앞에 불순종의 삶을 살아가는 어리석은 자들을 예수 그리스도 안에서 하나님의 은혜로 말미암아 주의 복음을 믿음으로 영적 눈을 뜨게 하시고, 마음을 밝히시사 영원한 세계를 바라보며, 영혼의 가치와 중요성을 깨닫고, 영혼 중심의 삶을 살게 해주심을 진심으로 감사드립니다. 이 놀라운 복음의 증인의 믿음의 삶을 통하여 세상을 이기고, 나를 이기고, 소유 중심의 삶에서 자유로워져 하나님의 영광을 나타내며 하나님의 일에 힘쓰게 하심을 진심으로 감사드립니다. 진실로 하나님이 부르시는 그날까지 영혼주도적인 바른 인생을 살아 복음의 증인으로 승리하는 모든 주의 사람 되게 굳게 지켜주시옵소서. 우리 주 예수 그리스도의 이름으로 간절히 기도드리옵나이다. 아멘.

06

·

나사로와 부자

·

한 부자가 있어 자색 옷과 고운 베옷을 입고 날마다 호화롭게 즐기더라 그런데 나사로라 이름하는 한 거지가 헌데투성이로 그의 대문 앞에 버려진 채 그 부자의 상에서 떨어지는 것으로 배불리려 하매 심지어 개들이 와서 그 헌데를 핥더라 이에 그 거지가 죽어 천사들에게 받들려 아브라함의 품에 들어가고 부자도 죽어 장사되매 그가 음부에서 고통중에 눈을 들어 멀리 아브라함과 그의 품에 있는 나사로를 보고 불러 이르되 아버지 아브라함이여 나를 긍휼히 여기사 나사로를 보내어 그 손가락 끝에 물을 찍어 내 혀를 서늘하게 하소서 내가 이 불꽃 가운데서 괴로워하나이다 아브라함이 이르되 얘 너는 살았을 때 좋은 것을 받았고 나사로는 고난을 받았으니 이것을 기억하라 이제 그는 여기서 위로를 받고 너는 괴로움을 받느니라 그뿐 아니라 너희와 우리 사이에 큰 구렁텅이가 놓여 있어 여기서 너희에게 건너가고자 하되 갈 수 없고 거기서 우리에게 건너올 수도 없게 하였느니라 이르되 그러면 아버지여 구하노니 나사로를 내 아버지의 집에 보내소서 내 형제 다섯이 있으니 그들에게 증언하게 하여 그들로 이 고통 받는 곳에 오지 않게 하소서 아브라함이 이르되 그들에게 모세와 선지자들이 있으니 그들에게 들을지니라 이르되 그렇지 아니하니이다 아버지 아브라함이여 만일 죽은 자에게서 그들에게 가는 자가 있으면 회개하리이다 이르되 모세와 선지자들에게 듣지 아니하면 비록 죽은 자 가운데서 살아나는 자가 있을지라도 권함을 받지 아니하리라 하였다 하시니라

— 누가복음 16:19-31

06

나사로와 부자

『탈무드』에 이런 교훈적인 이야기가 있습니다. 한 랍비가 많은 사람들 앞에서 강연을 하는 중에 이런 말을 했습니다. "가난한 사람은 저 세상에 가서 부자가 될 것이고, 부자는 저 세상에 가면 가난해질 것입니다." 강연이 끝나고 나서 한 남자가 랍비한테 와서 물었습니다. "저는 가난한 사람입니다. 그러니 저 세상에 가면 선생님 말씀대로 제가 부자가 될 것 아닙니까? 그럼 그때 두 배로 갚아드릴 테니, 제게 지금 10만 달러만 빌려주세요." 랍비는 자기가 그런 내용의 강연을 했기 때문에 어쩔 수 없이 그러겠다고 답하면서 되물었습니다. "이 돈을 어찌하려 하십니까?" 그는 말합니다. "이 돈으로 장사를 해서 많은 이익을 남기고자 합니다." 이 말을 듣고 재빨리 랍비가 말했습니다. "그럼 돈을 많이 벌겠다는 말씀인데, 그러면 저 세상에 가서는 가난해질 것 아닙니까! 그럼 이 돈을 어찌 갚을 수 있겠습니까? 그러니 빌려드릴 수가 없습니다."

성도 여러분, 인생의 최종 목적지가 어디입니까? 여러분은 죽음 후의 세계, 그 내세에 대하여 얼마나 믿고, 생각하고, 준비하며 오늘을 살아가십니까? 내세는 말 그대로 다가오는 세상입니다. 거듭난 그리스도인은 다가오는 영원한 세계를 바라보고, 기뻐하며, 천국의 관점으로 오늘을 살아가는 사람입니다.

천국이 실재하기 때문에 일어나는 일들

저명한 부흥강사였던 빌리 그레이엄 목사님이 쓰신 『인생』(The Journey)이라는 책이 있는데, 한번 읽어보시기 바랍니다. 이 책의 전체 주제가 천국입니다. 천국이 실재한다는 사실이 지금 우리의 현재적 삶에 얼마나 큰 영향을 미치는지, 그것을 간략하게 두 가지로 설명하고 있습니다. 첫째, 천국이 실재이기 때문에 우리에게는 소망이 있습니다. 미래에 대한 소망이 있고, 지금 여기서 사는 삶 속에 소망이 있음을 말합니다. 그래서 지금 내가 어떤 일을 당하든지, 어떤 어려운 일이 있든지, 내세가 있으니까 그 일은 영원하지 않다는 것을 알게 됩니다. 또한 천국 기쁨이 우리 안에, 그리고 우리 앞에 있음을 확실히 알고 살아 갑니다.

둘째, 천국이 실재하기 때문에 지금 우리의 삶이 의미와 목적을 갖습니다. 분명 하나님께서 하나님의 자녀를 이 땅에 남겨두신 데에는 이유가 있습니다. 그래서 모든 그리스도인에게는 무의미한 삶이란 없습니다. 하루하루가 하나님의 선물이며, 그분을 사랑하며 섬길 수 있는 새로운 기회입니다. 천국이 실재하기 때문에 그리스도인은 그리스도를 위해 오늘을 살아갑니다. 그러므로 천국이 이 땅의 삶을 덜 중요하게 만드는 것이 아니라, 더욱 중요하게 만들어간다는 것을 지적합니다.

성도 여러분, 정말 천국의 실재를 믿습니까? 그걸 믿느냐 안 믿느냐가 우리 삶의 운명을, 인생을 결정짓습니다. 그 천국의 실재를 정말 믿느냐 안 믿느냐에 따라 그 사람의 인생관, 가치관, 진리관이 달라집니다.

천국을 믿고 오늘을 살아가는 사람

복 있는 사람은 누구입니까? 성경은 분명히 말씀합니다. 천국의 실재를 믿고 오늘을 살아가는 사람입니다. 거기에 놀라운 삶을 약속받고 또 오늘 경험하게 됩니다. 이 세상이 세상 속에서 복 있는 사람이 누구인지를 결정하는 것이 아닙니다. 내세에서 결정됩니다. 참으로 복 받은 사람이 누구인가는 천국과 지옥에서 결정되는 것이지, 이 세상은 끝이 아니기 때문에 여기서 모든 것이 결정되는 것이 아닙니다.

그래서 시편 1편은 복 있는 사람에 대해서 이렇게 말씀합니다. "오직 여호와의 율법을 즐거워하여 그의 율법을 주야로 묵상하는도다"(2절). 이 땅에 살지만, 세상 속에서 하나님을 기뻐하며, 그 말씀을 주야로 항상 묵상하고 기뻐하며 오늘을 살아간다고 말씀합니다. 세상 사람은 세상 중심, 나 중심, 소유 중심의 삶을 살지만, 하나님의 사람은 하나님 중심의 삶을 살아갑니다. 하나님이 계신 곳, 하나님의 영광이 있는 곳, 그 천국을 바라보며 오늘을 살아가는 것을 의미합니다. 이것을 항상 기억해야 합니다.

오늘 본문에서 예수님께서는 널리 알려진 이 비유를 통하여 우리에게 천국 비밀을 계시해 주십니다. 이 이야기를 통해서 예수님은 이 땅에서, 이 세상에서 우리가 어떻게 살아가야 하는지를 명백하게 말씀해 주십니다. 어떤 가치관을 갖고 살아야 바른 인생을 살 수 있는지를 누구나 다 알 수 있게 이 이야기를 통해서 우리에게 계시해 줍니다. 우리는 이 비유를 통해서 하나님의 말씀을 묵상하며, 그 말씀에 순종하며, 말씀을 따라 오늘을 살아가야 합니다.

최종 심판의 확실성

이미 읽은 본문 말씀대로 이 비유는 명료합니다. 최종 심판이 있다는 것입니다. 있을까 없을까가 아니라, 명백히 있다는 것을 말씀합니다. 그것도 이 세상이 아니라, 저 세상에 있다는 것을 말합니다. 예수님의 말씀입니다. '최종 심판이 반드시 있는데, 이 세상에서 있는 것이 아니라 저 세상, 내세에 있다.' 간단합니다. 나사로는 천국에, 부자는 지옥에 갔다는 것이 예수님의 설교 주제입니다. 그래서 오늘 본문은 말씀합니다. "이것을 기억하라"(25절). 이것은 어린 자녀에게도 얘기해 주면 쉽게 기억할 수 있는 내용입니다. 나사로는 천국에, 부자는 지옥에. 세상에서는 고난을 받았지만 나사로는 천국에 있고, 세상에서 매일매일 잔치하고 스스로 기뻐하고 자랑하며 살았지만 부자는 지옥에 있다는 예수님의 말씀입니다. "이것을 기억하라." 이 속에얼마나 많은 주의 말씀이 담겨져 있습니까!

당시 유대인들은 하나님을 믿으면서 아주 잘못된 세계관에 빠져 있었습니다. 이 세상에서 부와 건강을 얻고 성공하면 그는 하나님께 복 받은 사람으로 생각했습니다. 반면에 이 세상에서 실패하고 질병 속에 가난하게 살면 하나님께 심판받은 자로 여겼습니다. 이것은 하나님의 뜻이 아닌데도, 하나님을 믿는 백성 안에 널리 퍼져 있었습니다.

오늘도 똑같지 않습니까? 번영의 신학, 번영의 복음이 이걸 말합니다. 예수 믿고 구원받으면 모든 게 잘된다고, 부도 얻고, 건강도 얻고, 성공도 하고, 유명해진다고 합니다. 이런 것들에 자꾸 끌려갑니다. 그러면 반면에 병들고 실패하고 가난한 사람은 결국 벌 받은 사람이 되는 것 아닙니까? 그런데도 이걸 분별하지 못합니다.

예수님께서는 이것이 아님을 간단한 비유를 통해서 말씀하십니다. '최종 심판이 있다.' 그런데 이 세상에 있는 것이 아닙니다. 천국에서, 내세에서 결정됩니다. 세상이 끝이 아닙니다. 내세가 있다는 이 말씀을 그대로 믿으며 생각해 보십시오. 이 세상에서 우리 인생은 잠깐입니다. 그 영광은 들에 핀 꽃과 같다고 합니다. 우리는 살면서 정말 그렇다고 느낍니다. 그런데 내세는 영원합니다.

무지와 불신앙의 결과

이 세상의 모든 종교가 내세를 믿고 가르친다는 사실을 알아야 합니다. 다가올 세상을 말하지 않으면 그것은 종교가 될 수 없습니다. 기독교도 내세를 강조합니다. 분명한 것은 기독교의 진리만이, 성경 말씀만이 진실이라는 점입니다. 그대로 될 것입니다. 왜냐하면 심판하시는 분은 하나님 한 분이시기 때문입니다. 다가올 세상은 천국과 지옥, 그것뿐입니다. 다른 종교에서 말하는 건 다 헛것입니다. 다른 종교는 내세가 있다는 것만 알았지, 가 본 사람이 없습니다. 예수님은 그곳에서 이 땅에 오신 분입니다. 그리고 말씀해 주셨습니다. '천국과 지옥이 있을 것이다.'

이 부자에게 닥친 비극적이고 비참한 운명의 원인이 무엇입니까? 그 사람의 무지와 불신앙입니다. 이 기록을 보면 이 사람은 성경을 읽었고, 하나님을 알았고, 어느 정도는 믿은 것 같습니다. 그런데 정말 온전히 믿지는 않았습니다. 추상적으로만 믿었습니다. 천국과 지옥을 믿지 않고, 하나님의 심판을 믿지 않았습니다. 대신 자기 방식대로 살았습니다. 세상 중심으로, 소유 중심으로 잘 먹고 잘 살았습니다.

그러나 그 마지막은 비참합니다. 성경 말씀 그대로입니다. 최종 심판의 기준은 명백합니다. 하나님의 의입니다. 이것이 성경 전체의 주제입니다. 인간의 의가 아니라는 것입니다. 얼마나 잘못했느냐, 얼마나 잘했느냐의 문제가 아닙니다. 얼마나 성공했느냐, 못했느냐의 문제도 아닙니다. 얼마나 선행을 베풀었느냐, 아니냐의 문제도 아닙니다. 어차피 죄인이기 때문에 하나님의 의가 심판의 기준입니다. '의의 심판이 있다.' 이것이 복음입니다.

예수님께서 이 땅에 오시어 말씀하신 이 복음의 선포는 하나님의 의의 선포입니다. 로마서 1장 17절에 유명한 말씀이 있지 않습니까? "복음에는 하나님의 의가 나타나서." 이걸 모르면 복음을 모르는 사람이요, 십자가도 모르는 사람입니다. 그 하나님의 의가 복음의 진수인 십자가에 나타났다는 것 아닙니까? 예수님이 십자가에 죽으심으로 하나님께서 하나님의 의를 보여주셨습니다. 이제 믿음으로 그 의를 선물로 받았습니다. 이걸 '전가된 의'라고 합니다. 내 것이 아닙니다. 하나님의 의가 내게 전가되었습니다. 내 도덕성도 아닙니다. 하나님의 의가 내게 나타났습니다. 그럴 때 하나님께서 우리를 의롭게 여기십니다. 이것이 복음이요, 은혜입니다. 천국과 지옥은 복음의 최종 사건이지, 별개가 아닙니다. 하나님의 의의 심판과 십자가의 선언이 곧 천국과 지옥입니다. 여기에 대한 확신을 가지고 오늘을 살아가야 합니다.

죽음을 준비해야 할 이유

또한 그 최종 심판은 불변합니다. 바뀌지 않습니다. 불행하게
도 이 부자는 계속 지옥에서 살아야 됩니다. 오늘 본문은 말씀
합니다. "나사로를 보내어 그 손가락 끝에 물을 찍어 내 혀를 서
늘하게 하소서"(24절). 그런데 안 된다고 하십니다. 그것 좀 해주
시면 어떻습니까? 그런데 안 된다고 하시는 하나님의 선언입니
다. 우리 모두가 그것 좀 해주십사 해도 하나님의 판단과 하나
님의 공의는 안 된다고 하십니다.

이 부자, 얼마나 불쌍한 사람입니까? 비참한 사람입니다. 세
상에서는 매일 잔치하고, 즐겁게 지내고, 먹고 마시고, 나는 행
복하다 살았는데, 그 결국이 이처럼 비참하다는 것을 예수님께
서 직접 말씀해 주십니다. 이 사람은 왜 이렇게 산 것입니까?
무지했기 때문입니다. 내세를 믿지 않고 준비하지 않았습니다.
한마디로 자신에게 속고, 돈에 속고, 세상에 속은 인생입니다.
그것을 비유를 통해서 우리에게 말씀해 주십니다.

이런 재미있는 이야기가 있습니다. 한 벼락부자가 있었습니
다. 친구가 그에게 물었습니다. "그렇게 갑자기 부자가 되니까

뭐가 변해진 거야? 뭐가 좋아?" 그러니까 이 부자가 거침없이 세 가지가 변했다고 말합니다. "첫째는 내 인품이 좋아진 것 같아." 왜냐하면 갑자기 친구들이 많아졌다는 것입니다. "둘째는 골프 실력이 갑자기 늘었어." 골프만 치면 자신이 이긴다는 것입니다. "셋째는 유머 감각이 좋아졌어." 말을 잘 못하는데도 자신이 말만 하면 사람들이 막 웃는다는 것입니다. 돈이 속이는 것입니다. 돈의 권세가 이런 것입니다.

나사로와 부자 이야기는 간단한 비유지만, 이 속에는 무궁무진한 하나님의 말씀이 계시되어 있습니다. 성령을 통하여 깊이 묵상하므로 그 뜻을 발견하고, 기뻐하고, 그 메시지에 이끌려 오늘을 살아가야 합니다. 너무나 분명한 메시지는 먼저는 모두가 죽는다는 것입니다. 나사로도 죽고, 부자도 죽습니다. 이게 대표적인 인간의 모습입니다. 가난한 자도 죽고, 부자도 죽습니다. 이것은 보편적인 사실인데, 사람들은 죽는다는 사실을 모르고 살아갑니다. 미련한 인생입니다. 죽음을 준비하지 않았습니다. 그런 인생이 얼마나 비참한가를 성경은 말씀합니다. 잘 아시는 대로, 우리 각자는 저나 여러분이나 언제 죽을지 모릅니다. 그런데도 죽음을 준비하지 않습니다. 그 사람은 어리석은 자입니다.

하나님의 마지막 선물 - 죽음

믿는 자에게 죽음은 하나님의 마지막 선물입니다. 아무리 생각해도 이것은 귀한 선물입니다. 마지막 회개의 시간입니다. 살아 있을 때, 건강할 때 잘 못하다가도 죽음이 가까우면 하나님이 부르신 자는 정말 처절하게 회개하게 돼 있습니다. 그리고 죽음을 통해 천국에 갑니다. 예수님을 만나러 하나님이 계신 그곳에 가게 됩니다. 얼마나 기쁜 일입니까? 은총의 기회입니다. 그러나 불신자에게는 그 자체가 절망입니다. 이런 일이 있어서는 안 되는 사건으로 여길 수밖에 없습니다.

또 하나, 세상과 내세는 전혀 다르다는 것을 비유를 통하여 예수님께서 간단하게 말씀해 주십니다. 세상의 자랑, 부, 건강, 명예, 공로를 가져갈 수가 없습니다. 세상에서 자신이 그렇게 좋아하던 것, 그 진리들, 가치관들도 아무 소용이 없습니다. 세상 모든 것들이 내세에서는 아무 쓸모가 없어집니다. 대역전이 일어납니다. 세상에서 고난 받던 나사로는 천국으로, 세상에서 그렇게 자랑하고 스스로 행복해하는 부자는 지옥으로 갑니다. 대역전이 나타나는 곳이 내세요, 천국임을 예수님께서 우리에게 가르쳐주고 계십니다.

이 부자의 죄가 도대체 무엇입니까? 세상에 있는 법으로 보면 감옥 갈 죄가 없습니다. 나사로를 괴롭히거나 죽이려는 죄를 저지르지 않았습니다. 그냥 무관심하게 자기 멋대로 살았습니다. 그러나 예수님께서 하신 성경 말씀에 비춰보면 명백한 두 가지 죄가 있습니다. 불순종과 불신앙입니다. 하나님을 믿지 않고 말씀에 순종하지 않았습니다. 이웃에 이런 불쌍한 사람이 있는데, 긍휼을 베풀지 않았습니다. 이것이 세상에서는 죄가 아닙니다. 그러나 하나님 앞에서는 엄청난 죄임을 예수님께서 우리에게 가르쳐주고 계십니다. 그래서 그리스도인은 내 주변 사람들에게, 불신자들에게 무엇이 죄인지를 알려줘야 됩니다. 불신앙과 불순종이 얼마나 큰 죄임을 우리는 전해줄 책임이 있습니다.

하나님의 마지막 선물 - 성경

또한 성경 말씀, 이것은 하나님의 말씀이요, 성경대로 되는 하나님의 선물입니다. 최상, 최고, 최후의 선물이 성경입니다. 그러나 세상은 믿지 않습니다. 또한 스스로 그리스도인이라고 하면서도 말씀을 가까이하지 않을 만큼 잘못된 신앙생활을 합니다. 그러나 오늘 본문에서 말씀하는 모세와 선지자는 성경을 가리킵니다. '성경, 그것으로 충분하다. 완전하다. 천국 들어가

기에 완전한 말씀은 성경이다.'

그리고 마지막 절에서 말씀합니다. '아무리 그렇게 전해도 믿지 않을 것입니다. 그러니 기적을 보여주세요. 죽은 자가 살아나서 말하면 들을 것 아닙니까. 제발 그렇게 해주세요.' 그러나 예수님은 비유를 통해서 말씀하십니다. '아니, 성경을 믿지 않으면 기적이 일어나도 그때뿐이야. 안 믿어.' 복음서에 그런 사건이 많지 않습니까? 나병을 고쳐주고, 죽은 자를 살리셔도 그때뿐입니다. 십자가 사건 앞에 다 도망갔습니다.

성경을 믿지 않으면 아무도 천국 못 갑니다. 성경이 무엇입니까? 예수 그리스도를 말합니다. 예수 그리스도의 성육신, 십자가, 부활, 승천, 그가 전하신 천국 복음, 이것으로 충분합니다. 기적을 구하지 마십시오. 그것은 불신자가 구할 것입니다. 말씀으로 충분하다고 오늘 본문은 말씀합니다.

복음은 예수 그리스도와 천국

이 세상에는 사탄이 뿌린 가라지가 있어서 사람들이 성경 외의 것에 자꾸 끌려갑니다. 성경 외의 다른 진리, 사상, 교훈, 내게 위로되는 말씀, 자꾸 그런 책들에 끌려가지만 그것은 다 사람의 책입니다. 하나님께서 우리에게 주신 것은 성경 하나입니다. 그런데 이 성경이 자꾸 왜곡되고 가감됩니다. 이런 잘못된 복음이 왜 세상에 많이 있는 것입니까? 예수님 당시로부터 계속 있었습니다. 이에 대해 성경이 답을 줍니다. 이것은 사탄이 뿌린 가라지입니다. 그 책임이 하나님께 있지 않습니다. 사람에게 있습니다. 사람이 믿음이 없어서 사탄에게 유혹받은 것입니다. 먼저는 종교지도자에게 있고, 설교자에게 있습니다. 성경 안에서도 거짓 선지자, 거짓 사도들이 더 많이 나옵니다. 교회에서 잘못된 복음을 자꾸 전하기 때문입니다. 성경 말씀을 그대로 믿고 서로가 확증해야 되는데, 자꾸 가감하고 이런저런 간증과 얘기를 하다 보니, 분명히 성경의 말씀을 들었어도 사람의 얘기와 하나님의 얘기가 헷갈립니다.

두 번째는 자신의 책임입니다. 내가 분별력이 있어야 됩니다. 성령께서 거듭난 자에게 첫 번째 주시는 선물이 영적 분별력입니다. 뭐가 가짜고, 뭐가 진짜인지를 영적으로 알게 됩니다. 다른 사람들이 아무리 세상만 있다고 하더라도 영원한 세계가 있음을 분별하게 됩니다. 하나님의 말씀을 묵상함에 따라 분별하게 됩니다.

복음은 예수 그리스도와 천국, 그것뿐입니다. 자꾸 다른 것으로 헤매지 마십시오. 그 공통점은 은혜이지, 우리가 한 게 아닙니다. 우리가 계획한 것도 아닙니다. 하나님의 은혜이고, 하나님이 행하시는 것입니다. 이미 행하셨고, 약속하신 것입니다. 우리가 열심히 했더니 이런 일이 있는 것이 아닙니다. 그것은 모든 종교, 안 믿는 사람들에게도 있는 일입니다. 복음은 예수 그리스도와 천국뿐입니다. 잘못된 복음에 미혹되고 속지 않아야 합니다.

포악한 노예상인이었던 탕자 존 뉴턴 목사님을 아실 것입니다. 그는 'Amazing Grace'라는 찬송으로 전 세계 사람들이 잘 알고 있는 분인데, 그분의 유명한 일화 하나가 있습니다. 이분은 목회자가 되고 40년간 목회를 했지만, 항상 마음에 두려움이 있고 큰 근심이 있었습니다. 자신은 평소에 '예수님께서 우리를 위하여, 온 인류의 죄를 위하여 십자가에 죽으셨다. 그래서 우리가 죄 사함을 받는다'라고 설교를 했지만, 정말 나 같은 나쁜 사람도, 나 같은 노예상인도 용서받을 수 있는지 걱정이었습니다. 자기로 인해 얼마나 많은 사람들이 불쌍하게 죽었는지를 아니까 항상 그게 불안했습니다. 자기의 죄를 생각하면 어느 때든 간에 식은땀이 나고, 공포에 벌벌 떨게 되었습니다.

그래서 그분은 평생 벽에 성경 말씀 하나를 적었답니다. 항상 그것을 본 것입니다. 이사야서 43장 4절 말씀입니다. "네가 내 눈에 보배롭고 존귀하며 내가 너를 사랑하였은즉." '내가 너를 보배롭게, 존귀하게 여기고, 너를 사랑하였노라.' 말씀을 묵상함으로써 다시 치유되고, 회복될 수 있음을 그는 말합니다. 이 목사님이 82세에 숨을 거두면서 이런 유명한 말을 남겼습니다. "나는 지금 하나님 나라로 간다. 내가 하나님 나라로 가면 세 번 놀랄 것이다. 처음에 전혀 하나님 나라에 오리라고 기대하지 않던 사람들이 와 있는 것을 보고 놀랄 것이고, 두 번째는 반드시 하나님 나라에 가면 만나리라고 기대했던 사람들이 안 보이는 것 때문에 놀랄 것이고, 세 번째는 노예상인인 존 뉴턴, 내가 그 자리에 와 있다는 것을 보고 놀랄 것이다."

천국에서의 영광스러운 영생의 삶

성도 여러분, 천국은 세상의 모든 것을 뒤집습니다. 예수님이 전하신 천국 복음은 항상 세상 모든 것을 뒤집었습니다. 정말 거듭나야 믿어지는 것이지, 그렇지 않으면 믿을 수 없습니다. 그래서 예수님은 이 간단한 나사로와 부자의 이야기를 주시면서 말씀하십니다. "이것을 기억해라. 이 이야기를 기억해라."

이 이야기들을 그대로 믿으면서 생각해 보십시오. 부자와 나사로 중 누가 복 받은 사람입니까? 영적 분별력이 없으면, 천국을 믿지 않으면 단지 세상의 부자일 뿐입니다. 그러나 천국을 믿으면 아닙니다. 성경 속의 부자가 불쌍한 사람이고, 오히려 나사로는 복된 사람입니다. 오늘날 '웰다잉'(well-dying)을 많이 말하고, 강연도 하고, 많은 관심을 끄는데, 그 이유는 마지막이 잘못되면 인생이 헛것이 되어버리기 때문입니다. 과거에 내가 유학을 갔고, 공부를 잘했고, 무슨 좋은 일을 했고, 성공했어도 다 헛것입니다. 인류에게, 특별히 그리스도인은 천국에 들어가지 못하면 이것은 말 그대로 참 비참한 것입니다.

성도 여러분, 거듭난 그리스도인에게 가장 좋은 사건, 가장 귀한 것은 아직 오지 않았습니다. 영생의 삶, 천국에서 영광스러운 영원한 삶은 아직 오지 않았습니다. 그러나 곧 우리에게 나타날 것입니다. 다가오는 세상입니다. 이 영원한 세계가 있음을 믿고 소망하며 오늘을 살아가는 자가 복 있는 사람입니다.

그리스도인에게 위로, 기쁨, 소망, 안식, 영광은 이 세상에 있는 것이 아닙니다. 이것은 잠깐일 뿐입니다. 그것은 천국에 있는 것입니다. 예수님이 계신 그곳에 있는 것입니다. 정말 천국을 믿는다면 이 세상의 삶은 나그네의 삶이라고 성경은 말씀하지 않습니까? 안식할 곳이 못 됩니다. 이곳은 그 영원한 세계를 바라보면서, 소망하면서, 증거하면서, 기뻐하면서 살아가는 장소일 뿐입니다. 그리스도인에게 인생의 최종 목적지는 천국입니다. 오직 천국입니다. 이걸 항상 기억하고 묵상하며, 그 은혜, 그 영광에 감사하고 찬송하고 증거하며 살아가야 합니다.

천국에 들어가는 자는 오직 예수 그리스도 안에서 거듭난 사람뿐입니다. 영적인 사람으로 새롭게 태어난 그 사람뿐입니다. 그 사람은 믿음으로 다가오는 세계, 영원한 세계가 눈앞에 있음을 바라봅니다. 언젠가 갑자기 그리로 갑니다. 그리고 그날을 기뻐하며, 그 천국을 찬양하며, 그 세계로 믿음으로 달려가는 자가 복 있는 사람입니다.

기도 전지전능하신 하나님 아버지, 이처럼 우리를 사랑하셔서 세상에서 방치되며, 표류하며, 하나님 앞에 불순종하며, 불신앙의 삶으로, 멸망으로 치닫고 있는 자를 주의 부르심 속에, 그리스도 안에서 주의 복음을 믿음으로 눈과 귀가 열려 영원한 세계를 바라보며 오늘을 살게 해주심을 진심으로 감사드립니다. 그러나 세상일에 매이고, 끌리며, 육신의 정욕에 이끌리어 또다시 가장 귀하고 영광스러운 그날을 망각하고, 소홀히 여기며 살아가는 미천한 죄인을 불쌍히 여겨주시옵소서. 오직 소망으로 인내하며, 믿음으로 바라보며, 우리 주변에 천국을 알지 못하는 그들에게 천국을 증거하며, 우리의 삶을 통해서 천국 진리가 나타나 하나님께 돌아오는 놀라운 구원의 역사가 있을 수 있도록 우리와 함께하여 주시옵소서. 우리 주 예수 그리스도의 이름으로 간절히 기도드리옵나이다. 아멘.

07

·

흔들리지 않는 나라

·

너희는 삼가 말씀하신 이를 거역하지 말라 땅에서 경고하신 이를 거역한 그들이 피하지 못하였거든 하물며 하늘로부터 경고하신 이를 배반하는 우리일까보냐 그 때에는 그 소리가 땅을 진동하였거니와 이제는 약속하여 이르시되 내가 또 한 번 땅만 아니라 하늘도 진동하리라 하셨느니라 이 또 한 번이라 하심은 진동하지 아니하는 것을 영존하게 하기 위하여 진동할 것들 곧 만드신 것들이 변동될 것을 나타내심이라 그러므로 우리가 흔들리지 않는 나라를 받았은즉 은혜를 받자 이로 말미암아 경건함과 두려움은 하나님을 기쁘시게 섬길지니 우리 하나님은 소멸하는 불이심이라

— 히브리서 12:25-29

07

흔들리지 않는 나라

고대 중국에서 태평성대를 이루었던 순임금에 대한 교훈적인 일화를 하나 소개하겠습니다. 순임금이 하루는 신하들을 불러 놓고 이렇게 명령을 내렸습니다. "내가 너희들에게 망태기 하나씩을 줄 터이니, 우물가에 가서 물을 하나 가득 담아 가지고 오너라." 15명의 신하들은 망태기 하나씩을 받아들고 제각기 떠났습니다. 그런데 그들이 생각하기에 이 망태기에 구멍이 숭숭 뚫려 있어 아무리 우물가에서 물을 길어 넣어봤자 물을 담을 수 없다고 결론짓고, 아무도 우물가로 가지 않았습니다. 그런데 그 중 한 신하만은 우물가로 가서 하루 종일 물을 망태기에 퍼 담았습니다. 그도 이 일이 불가능한 일이라고 생각했지만, 그럼에도 '어찌 임금의 명령을 거역할 수 있으랴'는 마음으로 하루 종일 물을 퍼 담은 것입니다.

이윽고 해질녘이 되니까 우물의 물이 다했는지, 아무리 두레박을 내려도 물을 길을 수 없었습니다. 신하는 허리를 숙여 그 우물 속을 들여다보다가 깜짝 놀랐습니다. 그 속에는 커다란 황금덩어리 하나가 반짝거리며 놓여 있었습니다. 그는 그 황금을 임금에게 갖다 바쳤습니다. 그때 순임금이 껄껄 웃으면서 이렇게 말했다고 합니다. "수고했다. 내 말에 순종하는 자는 너뿐이구나. 그것은 순종하는 자에게 주려고 내가 마련한 상급이다. 그러니 네가 그것을 차지하도록 하여라." 깊이 생각해 보시기 바랍니다.

하나님께 순종하는 삶

성도 여러분, 인간이 하나님께 합당한 영광을 돌리는 것이 어떻게 이루어집니까? 또한 하나님의 크신 영광을 인간이 받는 길은 무엇입니까? 그 길은 오직 하나입니다. 순종입니다. 이것을 항상 기억해야 합니다. 예수님께서 육신을 입으시고 이 땅에 오셔서 보여주신 삶을 한마디로 말하면 이것뿐입니다. '하나님께 순종하셨다.' 예수님은 하나님께 순종하심으로 하나님께 영광을 돌리셨고, 이 순종을 통하여 하나님의 거룩하고 크신 영광을 받으셨다는 것이 성경의 기록입니다. 이 사건의 결정적인 핵심이 십자가입니다. 성경에 보면 하나님께서 부르시어 아주 평범한 사람들이 위대한 인생을 살아가게 됩니다. 그 공통점이 무엇입니까? 구약이든 신약이든, 한 가지 공통점은 그들 모두가 하나님을 가까이했고, 말씀에 집중했고, 말씀을 묵상하며, 그 말씀에 순종했다는 것입니다. 이 순종을 통하여 하나님께서 복을 주셔서 위대한 인생을 살도록 역사하셨다는 기록이 성경에 있습니다.

믿음의 조상 아브라함을 생각해 보십시오. 그는 평범한 사람이었습니다. 그러나 믿음의 조상 아브라함이라는 위대한 호칭을 받습니다. 어떻게 해서 하나님이 그에게 이처럼 큰 복을 주신 것입니까? 그의 사건은 창세기 12장에서부터 22장까지 이루어집니다. 대표적인 것이 창세기 12장에 나오는 하나님께서 갑자기 그를 부르신 사건입니다. "약속의 땅으로 가라." 그는 순종했습니다. 믿음으로 순종했습니다. 그리고 마지막 사건이 이것입니다. "사랑하는 독자 이삭을 바쳐라." 불가능한 일이지만, 말씀하시는 이가 하나님이시기에 그는 믿음으로 순종했습니다. 그래서 하나님께서는 넘치는 복을 그에게 주시고, 자신의 약속을 아브라함을 통해서 이루어 나가십니다.

성도 여러분, 얼마나 하나님께 순종하며 오늘을 살아가십니까? 얼마나 많이 성경 공부를 했느냐, 봉사했느냐는 말이 아닙니다. 얼마나 하나님께 순종하며 오늘을 살아가느냐는 것을 깊이 생각해야 합니다.

순종이라는 덕목이 사라진 시대

이 세상에서 순종이라는 덕목은 사라진 지 오래입니다. 점점 과학기술과 문명이 발달할수록 순종이라는 언어는 가장 매력 없고 가치 없는 단어가 돼버렸습니다. 오늘 이 세대를 대표하는 인생관이 무엇입니까? 개인주의, 개성, 그리고 이기주의입니다. 이것은 내 뜻대로 살자는 것입니다. 내 멋대로, 내 방식대로 살아가는 것이지요. 거기에 행복이 있다고 믿습니다. 그런데 그 깊은 곳에는 순종하지 않겠다는 뜻이 있습니다. 그것은 미련한 자나 하는 일이고 이 짧은 인생 동안 나는 그렇게 살지 않을 거라는 말입니다. 그리고 이걸 우상화하고 가르칩니다. 이런 삶의 형태와 풍조와 방식이 우리 안에 자리 잡았고, 그것이 교회 안에 들어온 것입니다.

그러니 교회 안에서도 도무지 순종을 보기가 어렵습니다. 믿음은 보겠는데, 순종은 보기 어렵습니다. 이것은 잘못된 믿음을 갖고 살아가는 것입니다. 그래서 신앙생활도 결국 따져보면 열심히 봉사하고, 예배드리고, 성경 읽고 하는 것들이 다 나를 위해서입니다. 나를 위해서 하는 것은 바른 신앙생활이 아닙니다. 바른 신앙생활은 예수 그리스도를 위한, 하나님께 영광을 돌리기 위한 차원으로 가야 종교생활을 벗어나 거듭난 하나님의 자녀의 신앙생활이 나타나는 것입니다. 그런데 그것이 사라졌습니다.

교회는 열심히 다니지만, 도무지 성경을 읽지 않는 어느 가정이 있었습니다. 어차피 교회에서도 말씀을 스크린으로 다 보여주니까 교회에 갈 때 성경을 갖고 갈 필요가 없었습니다. 어느 날, 아이가 엄마에게 성경책을 가리키며 물어보았습니다. "엄마! 엄마! 이게 뭐야?" "어, 그거 성경책이야." "이거 누구 책이야?" "그거 예수님 책이지." 그랬더니 아이가 이렇게 말했습니다. "엄마! 아니, 읽지도 않을 거면서 왜 예수님 책을 가지고 있어요? 예수님께 돌려드려요." 말씀을 묵상하지 않고 가까이하지 않으면 결국 순종하지 않는 것입니다.

성도 여러분, 믿음의 정의를 다시 한 번 생각해 보십시오. 구원에 이르는 믿음이란 무엇을 말합니까? 순종하는 믿음입니다. 순종 없는 믿음은 위선이요, 잘못된 믿음입니다. 오늘날 믿음이라는 단어는 기독교 안에 분명히 자리 잡았습니다. 그런데 믿음은 강조하지만, 순종은 없습니다. 그것은 구원에 이르지 못하는 믿음입니다. 잘못된 열심을 만들 뿐입니다. 믿음은 곧 순종이요, 순종은 곧 믿음입니다. 성경에서 모든 구원에 이르는 믿음, 하나님의 사람들은 그러한 믿음을 가지고 형통한 삶을 살았습니다. 그래서 예수님께서 마태복음 7장 21절의 산상수훈 결론에서 이렇게 말씀하십니다. 너무도 충격적인 기록입니다. "나더러 주여 주여 하는 자마다 다 천국에 들어갈 것이 아니요 다만 하늘에 계신 내 아버지의 뜻대로 행하는 자라야 들어가리라." 아주 강하게 말씀하셨습니다. "'주여 주여, 믿습니다'라고 해도 천국에 못 들어간다. 그 믿음이 하나님의 뜻을 순종하는 믿음이어야 천국에 들어가는 것이다. 너 자신을 다시 돌이켜보아라." 주께서 말씀하셨습니다.

하나님이 이미 이루신 사건을 증거하는 기독교

오늘 본문은 기록합니다. "너희는 삼가 말씀하신 이를 거역하지 말라"(25절). 무슨 말씀입니까? 하나님께 순종하고, 예수님께 순종하라는 것입니다. 이 당연한 일이 당연시 되지 않고, 믿음 따로 순종 따로 나아가는 교회를 보면서 하나님께서 말씀하십니다. "순종하라!"

성도 여러분, 기독교는 인간의 말이 아닙니다. 추상적인 진리도 아니요, 교훈적인 덕담도 아니요, 교훈적인 훈계도 아닙니다. 그것이 아무리 감동을 주고, 내게 기쁨을 주고, 위로를 준다 한들 그것은 종교에 불과합니다. 기독교는 하나님의 말씀입니다. 이것을 구별해야 합니다. 또한 이론이 아니라, 사건입니다. 하나님께서 이미 이루신 사건을 인간의 말로 설명하는 것입니다. 창조에 대하여 하나님께서 먼저 이루시고 그것을 설명해 나가십니다. 구원과 심판에 대해서 먼저 이루시고 설명해 나가십니다. 성육신의 사건을 미리, 먼저 이루시고, 예수님이 누구신가, 무슨 일을 하셨는가를 말씀해 나가십니다. 천국을 이미 이루시고, 이 땅에서 그 진리를 설명해 나가시는 것입니다.

그러나 일반 종교나 이 세상의 말은 인간이 만든 인간의 말입니다. 그것은 지켜도 그만, 안 지켜도 그만이지만 성경은 하나님의 말씀입니다. 하나님의 사건입니다. 그래서 순종해야 합니다. 가까이해야 됩니다. 예수 믿는다고 하면서 성경을 가까이하지 않고, 하나님께 불순종하면 그것이 곧 거역입니다. 불신앙이고, 하나님을 모욕하는 것이며 무시하고 조롱하는 것이지, 그것이 어떻게 믿음이겠습니까? 성경은 기록된 하나님의 말씀이요, 하나님의 사건입니다. 성경은 인간의 무용담이 아닙니다. 그 사건 속에서 하나님이 말씀하시는 것입니다.

설교의 설교됨은 오직 하나님의 말씀의 대언에 있습니다. 성경 안에서 기록된 성경 본문을 통하여 말씀을 선포하고 증거하며 설명하는 것뿐입니다. 그런데 오늘의 설교는 인간의 말이 너무 많아졌습니다. 인간의 경험, 인간의 사건, 인간의 교훈이 너무 많습니다. 사람들이 듣기를 좋아하고, 기뻐하고, 위로받는 간증 같은 이야기로 꽉 차버렸습니다. 이것은 설교가 아닙니다. 하나님께서 원하시는 설교는 하나님의 말씀을 인간을 통하여 전하는 것입니다. 교회의 교회됨은 하나님의 말씀이 선언되고, 성령의 역사로 거듭남이 있어야 합니다. 하나님의 말씀이 바로 선포되지 않으면 아무리 많이 모여 있어도 그것은 종교기관일 뿐입니다. 우리 주변에서, 신문이나 방송에서 그런 것들을 얼마나 많이 봅니까? 우리는 하나님의 말씀에 귀를 기울이며 하나님께 가까이 가야 합니다.

그럼에도 불구하고, 이걸 우리가 다 아는데도 불구하고 우리 안에 질문이 생깁니다. '그런데 왜 순종해야 돼?' 이것이 인간의 본성입니다. 그만큼 타락했습니다. 순종을 잃어버렸습니다. 거듭남이란 순종을 회복하는 것입니다. 그 이유를 알고 당연시 하는 것입니다. '왜 내가 복음에 귀를 기울이고, 믿어야 하고, 순종해야 합니까?' 계속해서 내 안에 질문이 나옵니다. 이에 대한 답을 하나님께서 주십니다.

하나님의 말씀에 순종해야 하는 이유 - 말씀하시는 하나님

오늘 본문은 히브리서의 결론이요, 성경 전체의 주제입니다. 하나님께서 직접 성경 말씀을 근거로 우리에게 왜 순종해야 하는지, 왜 하나님을 가까이해야 하는지, 그 답을 우리에게 주십니다. 두려움과 떨림으로 귀를 기울이며 오늘 주신 말씀을 깊이 받아들이시기 바랍니다.

우리가 순종해야 하는 첫째 이유는 말씀하시는 이가 하나님이시기 때문입니다. 말씀하시는 이가 하나님이시기 때문에 거역하면 안 됩니다. 그것은 무지요, 불신앙입니다. 적어도 하나님을 아는 자는 말씀하시는 이가 하나님이시므로 순종해야 합니다. 하나님은 하나님의 말씀대로 반드시 실천하시기 때문입니다. 사건으로 실천하시기 때문입니다. 그래서 오늘 본문에서 하나님께서는 가장 중요한 대표적 사건을 예로 들어 설명하십니다. 25절입니다. "땅에서 경고하신 이를 거역한 그들이 피하지 못하였거든 하물며 하늘로부터 경고하신 이를 배반하는 우리일까보냐."

땅에서 경고한다는 것은 모세의 경고를 말합니다. 위대한 지도자 모세는 하나님의 말씀을 직접 듣고 이스라엘 백성에게 선포하였습니다. 그것이 율법입니다. 그는 하나님이 아닙니다.

'이처럼 땅에 있는 사람이 선포한 말씀도, 그 율법도 지키지 아니하고 불순종할 때 참혹한 벌이 있고, 무서운 심판이 임하는 것을 너희들이 보지 않았느냐?' 구약성경 전체가 그것입니다. 즉 죄의 심판이기에 그렇게 끔직한 사건이 많습니다.

대표적인 것이 가나안 땅입니다. 수백만 명의 이스라엘 백성이 가나안 땅에 들어가야 되는데, 여호수아와 갈렙, 이렇게 단지 두 명만 들어갑니다. 이것은 계시적인 상징 사건입니다. 땅에서 말한 모세의 율법을 지키지 않았기 때문입니다. 오늘 말씀하십니다. '예수님은 모세 같은 사람이 아니라 하나님이신데, 그분이 하신 말씀을 지키지 않는 너희는 도대체 어떻게 된 것이냐? 얼마나 무서운 심판이 다가옴을 알지 못하느냐? 그런고로 하나님께 순종하라.'

하나님의 말씀에 순종해야 하는 이유 - 거룩하신 하나님

둘째 이유는 하나님은 거룩하신 하나님이시기 때문에 순종해야 합니다. 하나님은 구원과 심판을 이루시는 거룩하신 하나님이시기 때문입니다. 그래서 오늘 본문의 마지막 결론이 이렇습니다. "우리 하나님은 소멸하는 불이심이라"(29절). 우리는 하나님이라고 하면 자꾸 사랑의 하나님, 좋으신 하나님에서 딱 멈추고, 더 이상 생각을 안 하려고 합니다. 그런데 성경에서 먼저 계시한 것은 거룩하신 하나님입니다. 죄를 심판하시고, 심판 당할 미천한 죄인을 은혜로, 사랑으로 구원하시는 그 하나님입니다. 그래서 거룩하신 하나님은 심판하시며 사랑하시는 하나님이십니다. 이것이 성경 전체의 주제이고 메시지입니다.

그런데 내가 필요로 하고 좋아하는 하나님만을 가지고 찬송 부르고 눈물 흘리는 사람들을 보십시오. 전혀 순종하지 않습니다. 그 시간 이후에는 내 멋대로 살아갑니다. 성육신 하신 예수님은 우리를 구원하신 분이지만, 그분을 믿지 않는 자를 심판하실 분입니다. 이것이 성경의 메시지입니다. 우리가 좋아하는 은혜로우신 예수님은 그분을 믿는 자는 구원하시지만, 믿지 않는 자는 심판하십니다.

그러므로 하나님은 소멸하시고 심판하시는 불입니다. 신명기 4장 24절은 말씀합니다. 모세를 통해서 하시는 말씀입니다. "네 하나님 여호와는 소멸하는 불이시요 질투하시는 하나님이시니라." 하나님은 말씀대로 역사하십니다. 심판하시는 하나님이십니다. 그러니 이 말씀을 믿고 너희가 순종함이 마땅하다고 하나님께서 우리에게 전해 주십니다.

셋째 이유는 최후의 심판이 있기 때문입니다. 그래서 하나님의 말씀을 가까이하고, 하나님의 말씀에 순종합니다. 그것이 오늘 본문 26, 27절에 이어서 기록되어 있습니다. "그 때에는 그 소리가 땅을 진동하였거니와 이제는 약속하여 이르시되 내가 또 한 번 땅만 아니라 하늘도 진동하리라 하셨느니라"(26절). 이 사건은 먼저 우리에게 구약성경 출애굽기 19장을 기억나게 합니다. 왜냐하면 모세가 율법을 줄 때의 사건이 기록되어 있기 때문입니다. 하나님께서 율법을 주실 때, 단지 '여기 있다' 하시며 주시지 않았습니다. 하나님의 임재와 능력을 나타낸 계시가 사건으로 나옵니다. 땅이 진동했습니다. 흑암이 있고, 우레가 있고, 번개가 있고, 불이 있었습니다. 그래서 그 근처에 아무도 못 갔습니다. 짐승도 그 근처에서는 다 죽었습니다. 하나님께서 이 사건을 일으키시면서 말씀하셨습니다.

그런데 최후의 심판 때는 오늘 말씀대로 땅만 진동하는 것이 아니라, 하늘까지 진동할 것입니다. 하나님은 모든 역사를 진동케 하시는 분입니다. 그것이 복음의 역사입니다. 세상이 진동하고, 땅이 진동하고, 사람이 진동합니다. 시편을 보면 땅이 진동하고, 땅이 하나님을 찬양한다는 구절이 나오는데, 바로 그것을 얘기합니다. 이렇게 모든 만물이 흔들리는 또 한 번의 진동, 즉 최후의 심판을 말합니다.

예수님께서도 마태복음 24장 29절에서 이렇게 말씀하십니다. "그날 환난 후에 즉시 해가 어두워지며 달이 빛을 내지 아니하며 별들이 하늘에서 떨어지며 하늘의 권능들이 흔들리리라." 그러니까 예수님의 재림 시에 그렇게 되리라는 것입니다. 온 우주만물과 피조물이 흔들린다는 것은, 다시 말해서 소멸한다는 말입니다. 하나님은 온 우주만물을, 피조물을 진동케 하시며 소멸케 하시는 불이십니다. 이것이 복음의 역사입니다. 복음의 완성이 최후의 심판과 함께 이렇게 나타날 것입니다. 우리는 이 말씀을 그대로 가감 없이 믿으며 오늘을 살아가야 합니다. 그럴 때 우리는 하나님께 순종할 수밖에 없습니다. 이 사건을 잊어버리면 내 멋대로 살지만, 내 앞에 다가온 그날을 바라보면 어떻게 함부로 살 수 있겠습니까?

그런데 남는 것이 하나 있습니다. 오늘 본문 말씀대로 흔들리지 않는 하나님 나라가 완성되기 위해서는, 임하기 위해서는 모든 것이 소멸해야 됩니다. 천국 외에는 다 없어지는 것입니다. 그러니 하나님이 말씀하십니다. 그 날을 바라보며 너희가 하나님께 순종하는 것이 마땅하지 않느냐고요. 베드로후서 3장 12절과 13절은 말씀합니다. "하나님의 날이 임하기를 바라보고 간절히 사모하라 그 날에 하늘이 불에 타서 풀어지고 물질이 뜨거운 불에 녹아지려니와 우리는 그의 약속대로 의가 있는 곳인 새 하늘과 새 땅을 바라보도다.” 이것이 복음의 역사입니다.

하나님의 말씀에 순종해야 하는 이유 - 천국에 들어가야 하므로

순종해야 하는 넷째 이유는 천국에 들어가기 때문입니다. 얼마나 감사합니까? 그래서 그리스도인은 천국 복음에 집중하며, 그 복음에 순종하며 오늘을 살아갑니다. 이것이 내 노력으로, 내 공로로 된 것이 아니라, 하나님의 은혜로 되었으니 얼마나 감사합니까? 은혜를 베푸신 분께 귀를 기울이며, 감사하며, 순종하는 것이 마땅하지 않겠습니까?

오늘 본문 28절은 말씀합니다. “그러므로 우리가 흔들리지 않는 나라를 받았은즉 은혜를 받자.” ‘그 나라를 받자, 은혜를 받자.’ 두 번이나 기록됩니다. 하나님 나라에 들어감은 은혜로 받는 것입니다. 천국 복음을 정말 믿음으로 천국 시민권을 받았습니다. 얼마나 감사하고, 얼마나 기쁩니까? 그래서 순종하는 것이 마땅합니다.

마지막으로 다섯째 이유는 흔들리지 않는 천국을 받았기 때문입니다. 모든 것이 불로 소멸하여 없어지는데, 천국만이 영원합니다. 그 약속의 말씀대로 영원한 하나님 나라에서 영생의 삶을 살아가게 됩니다. 오늘 본문 28절의 말씀을 보십시오. "그러므로 우리가 흔들리지 않는 나라를 받았은즉 은혜를 받자 이로 말미암아 경건함과 두려움으로 하나님을 기쁘시게 섬길지니."

정말 천국을 믿는다면, 모든 죄 된 세상과 하나님을 거역한 일들이 심판받을 때 천국만 우뚝 서는 그 속에 내가 살아가는 것을 믿는다면, 두려움과 떨림으로 하나님을 바라볼 것입니다. 그리고 기쁨으로 하나님을 섬기고 순종할 것입니다. 말씀 그대로를 믿으며 역사를 생각해 보십시오. 우리가 자랑하는 문명, 과학기술, 정보, 사상, 지식, 진리, 종교 등 다 없어질 것입니다. 그러나 남는 것은 단 하나, 흔들리지 않는 나라, 영원한 나라인 하나님 나라입니다. 역사적으로 로마제국이 기독교를 얼마나 박해했습니까? 그런데 없어진 것은 기독교가 아니라, 로마입니다. 하나님의 나라는 하나님의 교회를 통해서 계속 선포되고, 하나님의 뜻대로 완성되어갑니다. 얼마나 감사합니까? 그런고로 하나님께 순종하라고 하십니다.

하나님의 사람 링컨 대통령이 하원 시절에 겪은 체험담입니다. 인근 지역에서 노예경매가 이루어진다는 소식을 듣고 궁금해서 찾아갔습니다. 링컨은 그곳에서 어린 소녀가 높은 가격에 경매되는 것을 보고 몹시 분노하여 직접 그 경매에 참여했습니다. 계속해서 값이 올라가다 결국 링컨이 낙찰을 받았습니다. 링컨은 자신이 낙찰 받은 그 어린 소녀를 불러다가 이렇게 말했습니다. "너는 이제 자유다. 네가 원하는 대로 가라." 그러자 소녀는 머리를 숙인 채 작은 소리로 이렇게 말했습니다. "선생님 죄송합니다만, 전 그 말이 무슨 뜻인지 모르겠습니다." 링컨은 소녀에게 친절히 말해 주었습니다. "자유라는 것은 네 마음대로 할 수 있다는 말이야. 이제는 네가 말하고 싶은 대로 말하고, 가고 싶은 데로 가면 돼. 넌 이제 자유란다."

이 어린 소녀가 깊이 생각한 후에 눈물을 흘리며 링컨에게 이렇게 말했습니다. "그럼 저는 선생님과 함께 가겠습니다." 이것이 마땅한 것 아닙니까? 너무나 큰 은혜를 받았다면 그 은혜를 베푼 자와 함께하며, 그를 따르는 것이 가장 자연스러운 인간됨 아니겠습니까? 그래서 성경은 말씀합니다. '흔들리지 않는 천국을 받은 상속자들이여, 하나님 나라의 백성들이여, 네가 그것을 정말 믿을진대 하나님께 순종하는 것이 마땅하지 않느냐. 그 은혜가, 그 사랑이 너무도 커서 예수님께 순종하고, 하나님께 순종하는 것이 마땅하지 않느냐.' 오늘 성경은 강력하게 말씀하고 있습니다.

항상 천국을 묵상해야 하는 이유

이를 위해서 하나님의 자녀는 항상 천국 복음을 묵상해야 합니다. 그것만이 은혜를 주기 때문입니다. 그래서 그 복음을 은혜의 복음이라고 합니다. 하나님께서 행하신 일, 나를 위해 하나님께서 이루고 계신 일, 거기에 집중할 때 우리 안에 하나님의 은혜와 사랑이 충만히 나타나며, 그 은혜 베푸신 자를 기뻐하며 순종하는 삶이 구체적으로 나타나기 때문입니다. 그래서 예수님께서 명백하게 선언하십니다. '너희는 그의 나라와 그의 의를 먼저 구하라. 어두운 세상이고, 하나님께 불순종하는 세대지만, 너희는 천국을 믿고 천국을 바라보니, 그 나라와 그의 의를 먼저 구하라.' 하나님 나라의 중요성과 긴급성을 우리에게 말해 줍니다.

이러한 믿음으로 살아갈 때 우리는 내 능력이 아니라, 성령의 능력으로 예수님께 순종하며, 하나님의 뜻에 순종하는 삶을 살게 됩니다. 그래야만 이 세상 속에서 믿음의 사람들처럼 하나님의 은총을 누리며, 하나님의 복을 누리며, 천국의 약속을 누리며, 천국의 영광과 은혜와 평강과 안식을 체험하며, 오늘을 승리하며 살아갈 수 있게 됩니다.

　성도 여러분, 하나님께 합당한 영광을 돌리는 길, 그리고 그 놀라운 영광을 내가 받고 기뻐하는 길은 오직 예수 그리스도 안에서 하나님께 순종하는 것뿐입니다. 예수님께 순종하고, 하나님께 순종하는 것 외에 다른 믿음의 길이란 없습니다.

기도

전지전능하신 하나님 아버지, 불신앙의 세대에 살며, 이 세상 풍조에 휩쓸려 하나님께 순종함을 잃어버리고 잘못된 삶을 살아가는 우리로 예수 그리스도의 복음을 믿음으로 하나님께 순종하는 거룩한 마음을 회복시키사 주와 동행하며, 주의 은총을 누리는 삶을 우리에게 제시해 주심을 진심으로 감사를 드립니다. 그러나 끝없이 불순종의 마음이 우리 안에 꿈틀거리며 나만의 행복, 내 뜻대로 내 방식대로 살기를 원하는 옛사람의 본성이 나를 사로잡아 하나님을 거역하는 이 미련한 죄인을 불쌍히 여겨주셔서 말씀하신 분이 하나님이시요, 하나님의 심판이 나타나고 있고, 하나님이 우리에게 허락하신 천국의 영화와 그 기쁨을 바라보며, 믿음으로 순종하며 승리할 수 있도록 우리를 지켜주시옵소서. 우리 주 예수 그리스도의 이름으로 간절히 기도드리옵나이다. 아멘.